UNIVERSITÉ DE TOULOUSE — FACULTÉ DE DROIT

DU PRINCIPE

DE LA

LIBERTÉ DES MERS

ET

De ses Applications

DANS LE DROIT COMMUN INTERNATIONAL

THÈSE POUR LE DOCTORAT

PAR

B. CASTEL
AVOCAT

TOULOUSE
IMPRIMERIE CAUSSÉ
27, ALLÉES DE GARONNE, 27

1900

DU PRINCIPE

DE LA

LIBERTÉ DES MERS

ET

De ses Applications

DANS LE DROIT COMMUN INTERNATIONAL

UNIVERSITÉ DE TOULOUSE — FACULTÉ DE DROIT

DU PRINCIPE

DE LA

LIBERTÉ DES MERS

ET

De ses Applications

DANS LE DROIT COMMUN INTERNATIONAL

THÈSE POUR LE DOCTORAT

PAR

B. CASTEL

AVOCAT

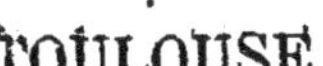

TOULOUSE

IMPRIMERIE CAUSSÉ

27, ALLÉES DE GARONNE, 27

1900

FACULTÉ DE DROIT DE TOULOUSE

MM. PAGET, ✻, Doyen, professeur de Droit romain.
DELOUME, ✻, professeur de Droit romain.
CAMPISTRON, professeur de Droit civil.
WALLON, professeur de Droit civil.
BRESSOLLES, professeur de Procédure civile.
VIDAL, professeur de Droit criminel.
HAURIOU, professeur de Droit administratif.
BRISSAUD, professeur d'Histoire générale du Droit.
ROUARD de CARD, professeur de Droit civil.
MÉRIGNHAC, professeur de Droit international public et privé.
TIMBAL, professeur de Droit constitutionnel.
DESPIAU, professeur de Législation française des finances et de Législation et Economie industrielles.
HOUQUES-FOURCADE, professeur d'Economie politique.
FRAISSAINGEA, professeur de Droit commercial.
MARIA, agrégé, chargé des Cours d'histoire du Droit public français et histoire des doctrines économiques.
GHEUSI, agrégé, chargé des Cours de Droit Maritime et de Droit Civil comparé.
HABERT, secrétaire.
HUC, ✻, professeur honoraire.
POUBELLE, O. ✻, professeur honoraire.
J. DELOUME, suppléant.
TRINQUAT, suppléant.

Président de la Thèse : M. MÉRIGNHAC.

Suffragants { MM. ROUARD de CARD.
TRINQUAT.

La Faculté n'entend approuver ni désapprouver les opinions particulières du candidat.

A MON PÈRE

A MA MÈRE

A MES AMIS

BIBLIOGRAPHIE

BLUNTSCHLI. — *Droit international codifié*. Traduit de l'allemand par Lardit, 4e édition, 1886, Paris.

BRY. — *Précis de droit international public*, 3e édition, 1896, Paris.

CALVO. — *Le droit international théorique et pratique*, 4e édition, 1887, t. I, Paris.

CAUCHY. — *Le droit maritime international considéré dans ses origines et dans ses rapports avec les progrès de la civilisation*, 1re édition, 1862, tomes I et II, Paris.

DE CLERCQ. — *Recueil des traités de la France*, t. VII à XIV, Paris.

CUSSY. — *Phases et causes célèbres du droit maritime*, 1856, t. I et II, Paris.

DALLOZ. — Supplément, *Droit maritime*, t. VI, Paris.

ARTHUR-DESJARDINS. — *Traité commercial maritime*, 1880, Paris.

EMERIGON. — *Traité des assurances et contrats à la grosse*, 1827, Paris.

DE FRESQUET — *Les abordages maritimes*, 1re édition, 1869, Paris.

DESPAGNET. — *Cours de droit international public*, 2e édition, 1895, Paris.

HAUTEFEUILLE. — *Droits et devoirs des nations neutres,* 1848, Paris.

— *Histoire du droit maritime,* 2e édition, 1869, Paris.

IMBART LATOUR. — *La mer territoriale,* 1889, Paris,

INSTITUTES. — Livre 2, titre 1er.

KLÜBER. — *Droit des gens moderne de l'Europe,* 1874, Paris.

LYON-CAEN et RENAULT. — *Droit commercial,* 3e édition, 1894, Paris.

DE MARTENS. — *Traité de droit international,* traduction Léo, 1883.

— *Précis du droit des gens moderne,* 1831, Paris.

MASSÉ. — *Le droit commercial dans ses rapports avec le droit des gens et le droit civil,* 1844, Paris.

MÉRIGHNAC. — *Traité théorique et pratique de l'arbitrage international,* 1895, Paris.

ORTOLAN. — *Règles internationales et diplomatie de la mer,* 1845, t. I et II, Paris.

PRADIER FODÉRÉ. — *Traité de droit international public,* 1885, Paris.

PARDESSUS. — *Des lois maritimes antérieures au XVIIIe siècle,* 1828, Paris.

PERELS. — *Droit maritime international,* traduit de l'allemand par Arendt, 1884, Paris.

G. DE RAYNEVAL. — *La liberté des mers,* 1811, t. I et II, Paris.

VATTEL. — *Le droit des gens,* 1863, Paris.

VALIN. — *Commentaire sur l'ordonnance de la marine de 1681* (édition Bécane), 1829, Paris.

DE VALROGER. — *Droit maritime,* 1883, Paris.

WHEATON. — *Eléments de droit international*, 1862, t. I et II, Paris.

Annuaire de législation étrangère, tome X.

Journal de droit international privé. Années 1885, 1893, 1894.

Journal Officiel de la République Française du 5 septembre 1884, 21 décembre 1884, 15 juin 1885, 25 avril 1888, 3 avril 1889, 20 janvier 1890, et 12 mars 1891.

Moniteur universel, Journal Officiel de la République Française, du 26 mars 1852.

Supplément au *Journal Officiel*, du 17 juillet 1887. Débats parlementaires.

Revue de droit international, Bruxelles. Années 1883, 1885, 1891, 1893, 1894.

Revue générale de droit international public. Paris, 1894.

Revue générale d'administration.

Revue des Deux-Mondes, novembre 1874.

Revue internationale de droit maritime. Années 1886, 1890-91, 1891-92, 1892-93.

Revue de politique extérieure. (Questions diplomatiques et coloniales). N° 67, du 15 novembre 1899; n° 68, du 1er décembre 1899; n° 70, du 1er janvier 1900.

INTRODUCTION

Des nombreux sujets d'étude qu'offre le droit international public, celui qui est relatif au principe de la liberté des mers se présente avec un caractère tout particulier, soit d'intérêt rétrospectif, soit d'actualité, qui le rend ainsi doublement intéressant. Ce caractère d'actualité résulte de certains incidents contemporains qui ont attiré l'attention du monde entier. Nous voulons parler des prétentions exclusives des Etats-Unis, en 1886, à la possession de la mer de Behring, auxquelles nous donnerons une place importante dans le cours de cette thèse. D'autre part, on n'est pas encore d'accord, d'une façon absolue, sur les applications du principe de la liberté des mers, et c'est pour ces motifs que l'Institut de droit international a porté ses efforts vers la réalisation d'une entente de tous les Etats en vue de l'adoption d'un règlement uniforme.

Nous n'avons pas l'intention de faire une étude complète de la liberté des mers et de toutes les questions qui s'y rattachent ; nous nous bornerons seulement à étudier le principe en lui-même et dans ses plus intéressantes applications. Pour réaliser ce plan, nous diviserons nos explications ultérieures en deux parties.

Dans la première, nous observerons son développement historique et sa justification philosophique et juridique. Dans la seconde, nous nous occuperons en premier lieu des eaux soumises à l'application du principe de liberté et de celles qui, au contraire, lui échappent. Nous étudierons à cette occasion le régime applicable à la pleine mer, aussi bien que celui régissant la mer territoriale, les mers intérieures, les détroits et les baies. En second lieu, nous envisagerons les faitsqui rentrent dans l'application du principe et nous passerons ainsi en revue les principaux règlements sur la navigation, l'abordage et l'assistance en mer en cas de naufrage.

Nous consacrerons ensuites quelques pages au cabotage en France et en Algérie, au cérémonial maritime, à la pêche et aux câbles sous-marins.

Enfin nous formulerons les conclusions qui résulteront de cette étude, et dans lesquelles nous affirmerons la nécessité de la liberté absolue de la pleine mer au point de vue économique et juridique, mettant en face du sans-gêne anglo-saxon les données essentielles de la raison et les droits imprescriptibles de l'humanité.

Première Partie.

Le principe de la liberté des mers étudié en lui-même.

« Ce vaste élément qui entoure, et par ses ramifications divise le continent, est libre ; la jouissance en appartient à tous, il est la propriété du genre humain (1). »

Une nation ne saurait, de sa propre autorité, sans violer le droit des gens, se considérer comme maîtresse exclusive de tout ou partie du domaine maritime commun. Dès lors, pour que cette prise de possession de tout ou partie de la mer fût légitime, il faudrait qu'elle eût été acceptée par tous les autres Etats intéressés. Or cela est impossible, car il est nécessaire et indispensable que la mer soit libre. Il semble donc que l'on eût dû s'accorder unanimement à lui reconnaître ce caractère de *res communis*, que

(1) De Rayneval. *De la liberté des mers*, t. I ; avant-propos, p. 1.

'on n'a admis qu'après de longues discussions et de sanglantes guerres. Encore de nos jours, ce principe, que l'on pouvait croire désormais avec juste raison incontesté et incontestable, a reçu de sérieuses atteintes de la part d'un Etat qui n'a pas craint de protester toutes les fois que l'usage commun de la mer par les autres peuples a troublé son propre usage; nous voulons parler de l'Angleterre. Il semble, d'ailleurs, que tous les Anglo-Saxons partagent cette manière de voir, puisque les Etats-Unis ont émis des prétentions analogues à propos de la mer de Behring.

En somme, exception faite des prétentions anglaises, de nos jours la mer est considérée comme le patrimoine de l'humanité entière. Nous allons suivre le principe de cette liberté depuis les temps les plus reculés, et, arrivés à notre époque, nous verrons comment on peut le justifier au point de vue philosophique et juridique.

CHAPITRE PREMIER

Développement historique du principe.

SECTION PREMIÈRE

ANTIQUITÉ

Dès les premiers siècles, il s'est trouvé quelques nations qui, arrivées à l'apogée de leur puissance, ont revendiqué comme un apanage le droit exclusif à la navigation de certaines mers.

Les Crétois, les Pelasges, les Rhodiens, les Phéniciens, etc..., dominèrent successivement sur les mers d'Orient. Cette prééminence maritime passa si souvent d'une ville à une autre ville ou d'un peuple à un autre peuple, que le sceptre de la mer aurait, d'après Eusèbe, changé de mains dix-sept fois en moins de six siècles (1).

De tous les peuples de l'antiquité, deux seulement, les Grecs et les Romains, doivent spécialement attirer notre attention.

(1) Cauchy, *Le droit maritime international*, t. I, p. 95.

Les Grecs fondèrent sur les bords de la mer d'importantes colonies auxquelles ils laissèrent la plus entière indépendance. Il ne tarda pas à s'établir entre la métropole et ses annexes des relations étroites, qui permirent au commerce grec de prendre un essor considérable. Non contents cependant de cette extension, et poussés par leurs goûts d'entrep.ise et d'aventure, les grecs songèrent bientôt à augmenter leur négoce au moyen de débouchés vers les contrées lointaines. Ils s'aperçurent alors que, des villes maritimes qu'ils avaient fondées, quelques unes étaient assez florissantes pour menacer Athènes elle-même. Les Athéniens virent d'un œil jaloux le développement de ces rivales, et regrettèrent de leur avoir accordé au début cette indépendance qu'ils s'étaient toujours fait un devoir de respecter. Dès lors ils n'eurent plus qu'un but, affaiblir ces villes puissantes en leur déclarant la guerre, et établir sur leur ruine leur puissance maritime. Et c'est ainsi que ces petits États qu'ils avaient créés, dont ils avaient eux-mêmes facilité la fortune, se virent imposer comme tribut de guerre la restriction du droit de navigation.

L'histoire nous rapporte en effet qu'en 449 avant Jésus-Christ, les Athéniens stipulèrent qu'aucun vaisseau de guerre appartenant aux Perses ne pourraient entrer dans les mers qui vont du Bosphore de Thrace aux côtes de la Pamphylie (1). Pendant la

(1) Cauchy. *Loc. cit.*, t. I, p. 182.

guerre du Péloponèse Athènes exigea des Spartiates qu'ils ne navigueraient plus avec de longs vaisseaux. Ce pouvoir de dicter des lois aux vaincus fut de courte durée, car les Athéniens, enorgueillis de leur puissance, ne surent pas conserver leurs immenses conquêtes. Sparte se ressaisit, arracha à Athènes le royaume de la mer, mais pour le perdre bientôt à son tour. Athènes a donc admis la liberté des mers tant que cette liberté n'a pas été un obstacle pour sa puissance, mais, dès que cet usage commun lui a porté quelque ombrage, elle a fait tous ses efforts pour la restreindre.

Une politique analogue fut suivie à Rome, mais ce que les Athéniens avaient fait dans un intérêt économique, pour relever leur commerce menacé, les Romains le posèrent comme principe, par esprit de domination et de souveraineté. Belliqueux et conquérants, ils portèrent la guerre sur tous les points du monde civilisé. Peu à peu, tous les peuples devinrent les sujets de Rome, et il n'y eut bientôt plus sur la Méditerranée et dans l'Océan que des flottes romaines. Maîtresse sur terre et sur mer, Rome avait subjugué tous les petits royaumes pour n'en former qu'un seul et immense empire dans lequel tous les autres Etats étaient venus se confondre. L'histoire nous raconte spécialement la lutte de Rome contre Carthage, dont elle brûla d'abord la flotte pour plus tard incendier et détruire la ville elle-même. Après cet acte de vengeance inique qui amena la chute de cette puissante et riche cité, Rome demeura la dominatrice des mers jusqu'au moment où l'empire romain disparut lui-même devant les invasions barbares.

Dans la période dont nous nous occupons actuellement, il n'y a pas eu à proprement parler de droit des gens maritime, et par suite de liberté des mers. Cela se conçoit aisement; pour qu'un Etat joûisse de la liberté, il faut qu'il soit indépendant; or, à cette époque, il ne peut être question de l'indépendance mutuelle des peuples, puisque tous étaient soumis à la puissance romaine.

En résumé, les Grecs et les Romains ont voulu régner en maîtres, et n'ont pas supporté autour d'eux l'existence d'autres nations ayant des droits égaux (1).

SECTION II

MOYEN AGE

Au moyen âge, l'on voit apparaître les nouvelles prétentions de certains Etats à la domination exclusive de la mer, ou de certaines mers, grâce à la renaissance des relations commerciales entre les villes maritimes. Quelques-unes en effet, et en particulier Venise, Gênes, Pise et Florence, firent tous leurs efforts pour s'arracher successivement le monopole de la navigation et du commerce dans la Méditerranée et l'Adriatique.

(1) Contra : Hautefeuille, *Droits et devoirs des nations neutres.*

Venise réussit à accaparer tout le trafic qui se faisait dans ces régions maritimes. Mais à la suite des découvertes imprévues de l'Inde et du Nouveau-Monde, le commerce et la navigation se déplacèrent dans l'univers, et cette ville vit se dresser devant elle deux rivales redoutables, Gênes et Pise, qui l'obligèrent à abandonner l'hégémonie dans la Méditerranée. Les Vénitiens durent alors se confiner dans la mer Adriatique dont ils prétendaient avoir la souveraineté exclusive. Ils donnèrent pour base à ces prétentions ambitieuses le cérémonial qui, tous les ans, consacrait le mariage symbolique des doges avec cette mer. Cette coutume avait son origine dans le don d'un anneau fait au douzième siècle au doge de Venise par le pape Alexandre III qui, en le lui remettant, avait prononcé ces paroles : « Épouse la mer avec cet anneau et qu'elle te soit soumise comme l'épouse est à son époux » (1). Fondant leur droit de propriété sur ces quelques mots plus ou moins authentiques, en 1270 les Vénitiens avaient assujetti tous les navires qui entraient dans la mer Adriatique à leur payer tribut comme symbole de suzeraineté. Venise n'accepta donc que difficilement ce rôle de second ordre que l'on voulait lui faire tenir, et nous la retrouverons toujours dans ces luttes qu'engagèrent entre elles les villes maritimes de l'Italie.

Lorsque les Gênois voulurent régner sur la Méditerranée, ils durent deux fois prendre les armes contre les Vénitiens qui, vaincus, se virent imposer des

(1) Cauchy, *loc. cit.*, t. Ier, p. 250.

conditions de paix humiliantes. C'est ainsi qu'en 1299 un traité interdit à Venise, pour une période de treize ans, de naviguer avec des navires armés vers Constantinople et dans la mer Noire. A la même époque, Gênes prit la Corse aux Pisans et disputa la Sardaigne aux Catalans. Puissante pendant deux siècles, durant lesquels elle était arrivée à conquérir tout le golfe qui porte son nom, après avoir ruiné Venise et s'être substituée à elle, elle succomba à son tour. La cause de cette chute fut la prise de Constantinople par les Ottomans qui, la privant du commerce dans la mer Noire, lui enlevaient de ce fait la source principale de ses richesses. La chute de cette rivale permit à Venise de se relever un instant, et elle entama aussitôt avec l'Egypte des négociations qui accordaient aux navires vénitiens l'accès de tous les ports musulmans. Cette nouvelle période de renaissance au profit de Venise dura jusque vers le milieu du quinzième siècle, époque où les commerçants vénitiens furent chassés des ports de ce pays.

La décadence des Gênois n'avait pas fait retomber la Méditerranée dans les mains de Venise, car deux autres villes rivales, Pise et Florence, se disputaient encore la suprématie sur cette mer. Les Pisans, battus par les Gênois et obligés de leur rendre l'île de Corse, s'étaient maintenus cependant quelque temps encore, mais une ligue organisée par les Florentins acheva de ruiner leur commerce. Toutefois, Florence s'en fit des alliés pour les expéditions maritimes, et prenant à sa solde les flottes des Gênois et des Pisans réunies, elle fit avec l'Egypte des traités de commerce et imposa aux autres peuples la restriction du droit de navigation. C'est alors que nous voyons réapparaître les Vénitiens, qui toujours en éveil et jaloux du développement et de la prospérité des Florentins, aidèrent les Pisans à reconquérir leur liberté. Florence à son tour, pour se venger de Venise, promit à Mahomet II son aide en vue d'activer la ruine de sa rivale (1).

Pendant plusieurs siècles, il y eut ainsi des luttes continuelles entre les diverses villes maritimes et commerciales de l'Italie. Celles-ci n'eurent toujours qu'un but, l'anéantissement de leurs voisines pour jouir ensuite de leur commerce et dominer sur la Méditerranée.

Nous n'avons constaté jusqu'ici que des guerres de rivalités entre des petites républiques, mais à la fin du quatorzième siècle, au début de cette ère nouvelle qu'ouvre la prise de Constantinople, le cadre s'agrandit et la lutte s'engage de peuple à peuple.

SECTION III

LES TEMPS MODERNES

Durant plusieurs siècles, le bassin de la Méditerranée avait été le point de concentration de tout le commerce maritime de l'Europe. Il semblait que l'on

(1) Cauchy, *loc. cit.*, pp. 253 et s.

n'eût pas la force de sortir de ses limites. A peine connaissait-on les rivages de l'Océan jusqu'aux côtes occidentales de l'Espagne, et la mer du Nord jusqu'aux parages du Danemark. On sentait le besoin de déchirer ce voile impénétrable jusque-là, derrière lequel se cachait l'inconnu, et on se hasarda vers des régions nouvelles.

Les Espagnols furent les premiers à rechercher à travers les mers cet autre continent dont on soupçonnait à peine l'existence. En 1492, Christophe Colomb découvrit l'Amérique et fonda les premières colonies espagnoles sur ces rivages lointains. L'heureuse issue de cette entreprise décida les Portugais à tenter la fortune et, en 1497 Vasco de Gama franchit le cap de Bonne-Espérance, ouvrant ainsi la route maritime des Indes. Dès lors, il existait une voie nouvelle et directe de communication entre l'ancien et le Nouveau-Monde, l'Europe et les Indes. Le commerce et la navigation allaient recevoir de ce fait, un développement considérable, mais en même temps surgirent entre les conquérants de vives querelles de rivalité.

Les Espagnols et les Portugais émirent aussitôt des prétentions exclusives sur les mers qu'ils venaient de parcourir. Les premiers revendiquèrent le droit de naviguer seuls sur les mers d'Amérique et des Indes occidentales; les seconds voulurent interdire aux autres peuples le passage dans les mers de Guinée et des Indes orientales. Seuls maitres dans ces pays nouveaux, ils donnèrent pour base à leurs revendications le droit de découverte et de conquête. Ils en firent deux parts et demandèrent au Pape de confirmer leurs droits par une Bulle. Celle d'Eugène IV avait déjà reconnu aux Portugais la propriété de tous les pays qu'ils découvriraient depuis le cap Non jusqu'au continent des Indes. Une autre Bulle d'Alexandre VI, rendue un peu plus tard, traça une nouvelle ligne de partage formée par le méridien passant à 100 lieues à l'ouest des Açores. Elle donnait ainsi au Portugal tout ce qui était à l'est de cette ligne et à l'Espagne les terres et mers placées à l'ouest. L'année suivante, les puissances intéressées convinrent elles-mêmes, à Tordésilas, de placer la ligne de démarcation à 370 lieues des îles du cap Vert (1). Pendant longtemps ces deux royaumes ont pris ce partage pour base de leurs prétentions à la découverte des continents et à l'exploration des mers nouvellement reconnues. Le Portugal, en particulier, en a déduit le monopole du commerce sur les côtes d'Afrique et des Indes orientales.

On conçoit aisément que l'ancien système commercial avait été profondément troublé par ces découvertes dont s'autorisaient les Espagnols et les Portugais pour revendiquer pour eux seuls l'empire de la mer. Ces prétentions des Etats Ibériques au domaine maritime n'étaient pas cependant les premières, car déjà d'autres peuples en avaient exprimé de semblables. Ainsi, en 1432, le roi de Danemark et de Norwège, Eric, déclarait au roi d'Angleterre qu'il n'avait jamais été permis à personne de faire le

(1) Raynal, *Etablissement des Européens dans les Indes*, t. III, p. 91 ; rapporté par Cauchy, *loc. cit.*, t. I, pp. 379 et suiv.

commerce ou la pêche dans les mers de son royaume sans une autorisation du roi. Il faut cependant reconnaître que plusieurs traités accordèrent, plus tard, ce privilège aux sujets anglais dans les mers d'Islande pour se livrer à la pêche de la baleine. Mais encore au dix-septième siècle les rois de Danemark étaient considérés comme les maîtres absolus des mers qui baignent l'Islande et le Groenland (1).

De tous les peuples qui prétendaient à la possession absolue des mers environnant leur territoire, les Anglais furent les premiers et aussi les plus acharnés à la défendre. En l'année 959, sous le règne d'Edgard, les rois d'Angleterre avaient déjà revendiqué la souveraineté des mers qui entouraient la Grande-Bretagne et qu'ils désignaient par cette expression : « *Mare anglicanum circumquaque* (2) ».

Il est possible cependant que cette question n'eût pas été soulevée de longtemps si la découverte du nouveau monde et le développement des relations commerciales n'avaient éveillé la jalousie et l'esprit d'entreprise des nations maritimes. Or, pour naviguer et commercer, il fallait que tous les peuples eussent le libre passage à travers les mers. La question de la liberté se présenta donc au dix-septième siècle comme une loi universelle qu'il était nécessaire d'établir une fois pour toutes.

L'honneur de cette heureuse tentative revient à la Hollande qui, en 1609, par la plume d'Hugo de Groot

(1 et 2) Perels, *Droit maritime international*, traduit de l'allemand par Arendt, p. 19.

ou Grotius, essaya de démontrer que le droit de se servir de la mer appartenait à tous les peuples.

L'ouvrage, intitulé : « *Mare liberum seu de jure quod Batavis competit ad indica commercia* » parut d'abord à Utrecht, sous l'anonymat, son auteur ne le signa qu'en 1616 lorsque fut publiée la seconde édition. Il avait pour but de prouver que les Hollandais devaient pouvoir naviguer et faire le commerce, malgré les prétentions des Portugais basées sur les Bulles des Papes. *Grotius soutint que le principe de la liberté des mers devait être le droit commun de tous les peuples.*

L'auteur cherchait à démontrer que le fondement de cette liberté résidait dans la nature même de la grande nappe maritime, et que les Portugais ne pouvaient en aucun cas revendiquer en cette matière qu'un droit de propriété. Que d'ailleurs le Pape Alexandre VI n'avait pas qualité pour trancher sur l'eau une question de propriété qui ne pouvait pas exister en germe (1).

Cette opinion nous paraît d'ailleurs absolument fondée. Quelles qu'aient été les formes suivies à cette époque, il est évident que le Pape ne jouait que le rôle d'arbitre et que la ligne de démarcation tracée par lui ne constituait qu'une limite approximative et momentanée. Ce qu'il faut surtout retenir de cet épisode historique, c'est une application *vague* de l'idée d'arbitrage déjà en germe sans qu'on s'en doute.

(1) Grotius, *Mare liberum*, chap. Ier, II et s.

En second lieu, Grotius fait une distinction très nette entre le droit de propriété et celui de protection ou juridiction ; il a la notion très claire de ce que nous appelons aujourd'hui la pleine mer et il revendique pour celle-ci la liberté de navigation, de pêche et de commerce. Sous le couvert de la Hollande il défend donc les droits de tous les Etats, c'est-à-dire le droit commun.

Cette théorie juste et libérale ne pouvait manquer de soulever des protestations de la part de l'Angleterre, toujours jalouse de ses prétendus droits, mais ennemie de ceux des autres. Aussi craignant déjà pour son commerce avec l'Inde, et aspirant à la souveraineté des mers, cette puissance s'émut-elle. Le *Mare liberum* venait en effet la troubler dans ses premiers projets de conquête universelle. Ce livre de bons sens et d'équité fut réfuté, à la demande du gouvernement anglais lui-même par le jurisconsulte anglais Selden qui publia à Londres en 1635, un ouvrage intitulé *Mare clausum*.

Cet auteur soutient qu'il n'y a pas de différence entre l'eau et la terre, et que les deux éléments peuvent être l'objet d'un droit d'appropriation et, en second lieu, que l'Angleterre a acquis la propriété de « l'Océan britannique » sinon par le droit naturel, du moins par l'usage. Il invoque le partage établi entre les Portugais et les Espagnols par la bulle du Pape Alexandre VI. Il repousse les prétentions des Portugais, mais en s'appuyant sur d'autres raisons que Grotius. Ainsi, il n'y a pas à discuter, dit-il si le roi Sébastien peut être le maître de la navigation et de la mer, mais s'il a acquis cette domination par un mode légitime (1). Il admet que les peuples peuvent se servir de la mer, mais il assimile ce droit à une servitude que doit subir le maître de cette mer, comme celles imposées parfois au propriétaire d'un champ. Il déduit de cette idée que le domaine privé de la mer n'empêcherait pas la navigation de tous les peuples, mais que ce ne serait plus un droit et que le commerce maritime sur les mers, propriétés particulières, ne serait que permis et toléré. Selden n'admet pas de différence entre la mer et les fleuves ou lacs qui, selon lui, sont de petites mers qui appartiennent aux pays qu'ils traversent (2). Et les rivages, dit-il sont des frontières aussi légitimes que les fossés et les murailles, car ce sont les bornes naturelles des mers (3).

Le premier livre du *Mare clausum* était destiné à montrer la possibilité pour la mer de devenir propriété privée. Dans le second, Selden a voulu justifier les droits de propriété de la Grande-Bretagne sur l'Océan britannique.

Des raisons invoquées pour légitimer les droits maritimes de l'Angleterre, une a son origine dans la nature même des choses ; c'est la situation de ce pays placé entre quatre mers. Le jurisconsulte anglais reconnaît cependant que cette vaste nappe d'eau qui d'un côté va jusqu'à l'Irlande et au Groenland, et de l'autre baigne les rivages de l'Amérique, ne doit

(1) Selden, *Mare clausum*, chap. XVII.

(2 et 3) Selden, *Mare clausum*, liv. Ier, chap. XXI et XXII.

pas dans toute son étendue être appelée Océan britannique. Mais, même au-delà de ces bornes, dit-il, le roi de la Grande-Bretagne a sur l'une comme sur l'autre mer les droits les plus larges qu'il ne faut pas omettre (1). En un mot, l'Angleterre, d'après cette théorie, devrait être la seule maîtresse des mers.

A l'appui de ces prétentions, Selden invoque les diplômes délivrés aux amiraux anglais, portant généralement ces mots : « Préfet général de nos flottes et de nos mers » et voilà une preuve de propriété. Il n'accorde aux amiraux français naviguant dans les mêmes parages qu'un droit de juridiction sur les navires qu'ils commandent et non sur la mer traversée où ils n'ont qu'un droit de passage. Il prend pied enfin sur ce fait que les rois de Danemark et de Suède demandèrent à la reine Elisabeth la permission de faire passer par les eaux anglaises des navires à eux appartenant, et que ces souverains éprouvèrent un refus sans protester.

En dernier lieu, l'auteur du *Mare clausum*, parlant de la pêche, cite cet exemple que les pêcheurs étrangers (Français, Danois et Hollandais), n'avaient été autorisés à pratiquer leur industrie que dans une certaine limite et moyennant le paiement d'une taxe ; et que, en vertu d'un édit de 1604, un Etat, même ami de l'Angleterre, ne pouvait se livrer, sans son autorisation à des actes d'hostilité contre un autre Etat dans les eaux anglaises (2). Enfin, toujours d'après

(1) Selden, *Mare clausum*, liv. II, chap. Ier.
(2) *Mare clausum*, livre II, chap. XXII.

Selden, les navires étrangers devant amener leur pavillon devant celui de la Grande-Bretagne dans les mêmes parages, il en résultait une reconnaissance tacite, mais évidente, de la suprématie anglaise.

En somme, Grotius nous parait avoir dit la vérité, vérité logique, et les arguments de Selden, examinés avec l'aide de la critique moderne, tombent d'eux-mêmes. En effet :

1° Entre la terre, fécondée par le travail permanent de l'homme et l'eau qui n'est que traversée, il y a une différence essentielle, car, en principe, c'est le travail accumulé qui fait la propriété;

2° L'eau, comme l'air est une *res nullius*, donc elle ne peut au moins dans son immensité faire l'objet d'une appropriation ;

3° Si les rivages sont des frontières naturelles, la limite nécessaire pour les défendre n'est pas indéterminée ;

4° En ce qui concerne les droits de pêche et de passage, ils peuvent, à la rigueur, s'appliquer à la mer dite aujourd'hui territoriale, mais non à la pleine mer, c'est-à-dire à l'Océan tout entier. Donc Selden, sans s'en douter, a prévu ce que la suite des temps à résolu, mais il est parti d'un point de vue faux pour l'ensemble de sa thèse.

Par ses prétentions exagérées, nous pensons avec Calvo qu'il « a fait naître des résultats tout à fait opposés à ceux qu'il attendait. Car, en encourageant l'Angleterre à persévérer dans ses tendances d'exclusivismo et do prépotence universelle, il a finalement provoqué une réaction favorable aux idées de Grotius (1). » Il a permis à la doctrine de la liberté des mers de s'affirmer, de se développer et de devenir le droit commun de tous les peuples.

Il ne faut pas voir dans l'œuvre de Selden l'expression de ses sentiments personnels. C'est la traduction presque officielle de la politique qui a dicté l'acte de navigation et gouverné l'Angleterre jusqu'à notre époque. Elle a voulu faire de tous les peuples ses vassaux et pour arriver à cet empire et donner à son commerce plus de développement, elle a méconnu le droit pour laisser triompher la politique de l'intérêt.

Nous pouvons donc dire avec Gauchy que Selden nous a révélé le secret de l'empire britannique. Avec un tel esprit de domination, il n'est pas d'acte de violence ou d'arbitraire auquel on ne puisse s'attendre de la part d'un peuple qui inscrit un tel axiome au frontispice de son droit des gens (2). La guerre contre le Transwaal ne nous offre-t-elle pas en effet, un triste exemple de domination jalouse et un abus de la force contre le bon droit et l'égalité des peuples? On comprend facilement, après avoir lu le *mare clausum*, que sa composition ait demandé vingt ans d'études à son auteur. On ne peut sans quelques difficultés sérieuses arriver a fausser ainsi les principes de la justice, aussi cette violation évidente du droit souléva-t-elle des protestations parmi les Anglais eux-mêmes.

Du reste la doctrine de la liberté des mers avait

(1) Calvo. *Droit international théorique et pratique*, t. Ier, p. 476.

(2) Cauchy, loc. cit,, t. II, p. 122.

déjà eu des partisans en Angleterre. Dès le douzième siècle, un docteur de l'Université d'Oxford, Henri Bracton, sous le règne d'Henri III, s'appuyait sur les termes de la loi romaine pour affirmer que d'après le droit naturel, la mer et par suite ses rivages, ainsi que l'air et l'eau courante appartenaient en commun à tous les hommes. Pour avoir soutenu cette idée et essayé de faire admettre ce principe, Selden accusa Bracton de s'être montré l'ennemi des intérêts de sa patrie. Nous trouvons encore dans un acte public la négation complète du principe que défendait l'auteur du *mare clausum*. A la conférence de Brême fut examinée la question relative à l'usage commun de la mer et les ambassadeurs de la reine d'Angleterre lui donnèrent les développements les plus larges ; ils avaient pour but à ce moment d'obtenir des Danois la reconnaissance formelle du droit au profit des Anglais de naviguer en toute liberté dans les mers du Nord.

Nous citerons en dernier lieu une lettre de la reine Elisabeth au roi d'Espagne en réponse à des plaintes que celui-ci lui avait adressées contre le navigateur Drak qui s'était rendu coupable de déprédations envers les Espagnols. Cette réponse était ainsi conçue : « l'usage de la mer et de l'air étant commun à tous, aucun peuple, aucune personne privée ne peut avoir de droit sur l'Océan, parce que ni la nature, ni l'usage public n'en permettent l'occupation (1) ».

(1) De Rayneval. *De la liberté des mers*, t. II, p. 82.

Nou croyons avec M. Perels que ce ne fut là qu'une opinion officielle isolée qui trouvait sa raison d'être dans la politique commerciale de l'époque. Perels. *Droit maritime*, p. 20.

Il n'est pas étonnant que Selden ait été embarassé par de telles affirmations et qu'il ait cherché non seulement à les excuser, mais à les détruire. Cependant comme le fait remarquer très judicieusement Cauchy, « ne comprenaient-ils pas mieux que Selden l'honneur et les intérêts véritables de la patrie, ces hommes qui, sans se laisser éblouir par l'ambition et le préjugé, avaient proclamé au milieu de l'erreur commune, des principes de droits auxquels l'Angleterre se trouve heureuse de se rattacher aujourd'hui (1)? »

Dès que parut le *mare clausum*, Charles Ier le notifia aux Etats-Généraux, pour donner en quelque sorte force de lois aux règles qu'il formulait. Le Long Parlement fit droit à la demande du roi, et ordonnant la traduction en anglais de cet ouvrage, y ajouta même un commentaire.

L'Angleterre avait la force, elle voulut l'imposer aux faibles, et pour soutenir ses prétentions elle dédéclara la guerre à la Hollande. En 1636 Charles Ier envoya une flotte de soixante vaisseaux pour chasser les Hollandais des endroits de pêche, et il exigea qu'ils vinssent lui demander l'autorisation contre le paiement d'un tribut annuel. En 1652, par son acte de navigation, Cromwel voulut également mettre en pratique le *Britannia rules the naves*. Cet acte dirigé surtout contre la Hollande déclarait que le drapeau anglais seul devait flotter sur l'Océan. La Hollande protesta aussitôt, mais vain-

(1) Cauchy, *loc. cit.*, t. II, p. 124.

que en 1654, elle dut se résigner. Cependant la lutte ayant recommencé quelques années plus tard, après de sérieux succès remportés qar la marine hollandaise, les prohibitions de l'acte de 1652 furent restreintes au profit de ce pays (1).

Ce désir d'être les seuls maîtres de la mer ne fit néanmoins que grandir dans le gouvernement anglais, et il voulut se retourner contre la France, mais il se heurta à de grandes difficultés. En 1689, dans un manifeste du 27 mai, Guillaume III adressa des reproches à Louis XIV. Il se plaignait au roi de France, de la tolérance qu'il avait montrée envers ses sujets coupables d'avoir méconnu les droits de la souveraineté anglaise sur les mers britanniques. Ce blâme n'apporta aucun changement dans la politique de Louis XIV à l'égard de l'Angleterre. Il ne faisait du reste, que continuer l'exemple de ses prédécesseurs au trône, qui partisans de la liberté des mers, n'avaient jamais admis les prétentions des rois de la Grande-Bretagne.

Déjà, en 1598, après la paix de Vervins, la reine Elisabeth d'Angleterre avait demandé à Henri IV l'autorisation de soumettre à la visite les navires français allant en Espagne. Le roi de France avait refusé, pour éviter disait-il, les actes de brigandage qui auraient pu se produire à cette occasion. De même Louis XIV s'opposa avec la plus grande énergie aux prétentions de la Grande-Bretagne, qui vou-

(1) Perels, *loc. cit.*, note page 22.

lait forcer la France et les autres nations à donner à la Manche le nom de canal britannique.

L'échec le plus rude pour la politique anglaise lui fut infligé par la formation de la première ligue des neutres, organisée par la Russie en 1780. C'était au moment où le cabinet anglais croyait avoir rallié à ses idées l'impératrice Catherine. La réponse de l'Angleterre aux propositions russes fut équivoque. Elle ne formula aucun principe, elle rappela seulement qu'elle avait toujours observé les engagements pris envers ses alliés en vertu de traités de paix ou de commerce. Quant aux neutres, avec lesquels aucun pacte particulier n'avait été signé, elle se défendait de leur avoir jamais imposé d'autres règles que celles du droit des gens admises par tous les Etats. En somme, malgré ces protestations, l'Angleterre n'adhérait pas formellement aux principes de la neutralité.

La France au contraire, acceptait avec Louis XVI, de la façon la plus explicite, la déclaration de la Russie. Elle revendiqua l'honneur d'avoir « proclamé la première la liberté des bâtiments neutres, comme la sauvegarde des nations et le soulagement de celles qu'afflige le fléau de la guerre ».

« Sa Majesté, porte la réponse, croyait avoir fait un grand pas vers le bien général et avoir préparé une époque glorieuse pour son règne, en fixant par son exemple, les droits que toutes les puissances belligérantes peuvent et doivent reconnaître comme acquis aux vaisseaux neutres. Son expérience n'a pas été déçue, puisque l'impératrice en se vouant à la neutralité la plus exacte, se déclare pour le système que le roi soutenait au prix du sang de ses peuples et qu'elle réclame les mêmes lois dont sa Majesté voudrait faire la base du code maritime universel (1). »

Enfin la République Française, lorsque l'expédition d'outre-Manche fut décidée, fit inscrire sur tous les drapeaux de l'armée dite d'Angleterre et sur les pavillons de ses navires ces mots : « Liberté des mers. Egalité des droits de toutes les nations. Paix au monde (2). »

La France a donc lutté énergiquement pour la liberté des mers, et c'est à elle que le monde entier doit le triomphe et la consécration définitive de ce principe.

(1) 25 avril 1780. Martens, *Recueil*, t. III, p. 162, rapporté par Cauchy, *loc. cit.*, t. II, p. 263.

(2) Ortolan, *Règles internationales et diplomatie de la mer*, t. I, p. 131.

CHAPITRE II

Justification philosophique et juridique du principe de la liberté.

La mer est la grande voie de communication qui relie les continents entre eux et les îles aux continents. Elle rend les échanges de nation à nation plus prompts et plus faciles. Grâce à elle, le commerce acquiert une immense extension, et la civilisation, le progrès, pénètrent chez les peuples que la nature elle-même semble avoir voulu isoler les uns des autres. Dès lors, avec cette utilité principale des mers apparaît le premier principe qui forme la base du droit des gens maritime. Nous voulons parler de la liberté des mers.

Les mers sont ou doivent être libres ; pourquoi cette différence avec la terre, qui est toujours la propriété d'un individu ou d'une nation?

En droit comme en fait, une des conditions de la propriété est qu'elle repose sur une chose tangible, susceptible de détention et de possession exclusive.

Ce pouvoir, ce fait de possession consistent essentiellement dans l'acte matériel, immédiat, qui permet à un être humain de se servir d'une chose à tout moment et suivant ses désirs, et d'en écarter toute action autre que la sienne propre.

Voici comment Cauchy établit très exactement la différence entre les deux grands éléments qui forment la base de notre globe. « La terre n'est pas seulement la demeure de l'homme, la nourrice du genre humain. Même dans l'état d'innocence, il devait la cultiver, l'orner, l'embellir, et c'est sur elle que doit s'accomplir incessamment cette loi du travail qui est depuis la chute originelle la grande loi de toute société. Par ce travail de chaque jour, qui se diversifie de mille manières pour satisfaire à tant de besoins différents, la terre devient véritablement dans toutes ces parties, l'œuvre de l'homme » (1).

Qui n'a vu, en effet, le rude travailleur des champs, occupé à retourner la terre, à la creuser, à la bouleverser? Il la transforme par la culture; sans son travail, elle resterait stérile. Il lui donne quelque chose de lui-même; il s'identifie pour ainsi dire avec elle en lui prodiguant son labeur et ses fatigues. Il la conquiert en quelque sorte, il la façonne, et il est naturel qu'il ait sur elle un droit de propriété. C'est là un principe de droit admis chez tous les peuples, même les moins civilisés.

Quel contraste frappant avec la nature de la mer! Celle-ci ne se plie pas à la volonté de l'homme, mais

(1) Cauchy, *loc.* t., *cit.* I, p. 33.

elle lui impose plutôt ses lois. Elle le domine et lui résiste, sans qu'aucune force puisse la soumettre, et, même lorsqu'il la maîtrise, il sent qu'il est trop faible pour la maintenir longtemps en état de sujétion. Quoique par les progrès de la science, on soit arrivé à augmenter de plus en plus la sécurité de la navigation, on ne parviendra jamais à être le maître de la mer; car « celle-ci s'entrouvre à peine devant la proue écumante des navires, pour se refermer tout aussitôt, et, la flotte la plus puissante ne laisse pas après elle sur l'Océan, cette trace fugitive que la caravane qui passe, imprime du moins pour quelques jours, sur les plaines mouvantes du désert » (1).

Puisque la mer échappe aux forces humaines qui voudraient l'assujettir, puisque dans toute cette vaste étendue d'eau qui est inépuisable (2), il n'y a pas une place dont l'homme puisse se dire le maître d'une façon effective, c'est que cette mer trop vaste pour faire l'objet d'un droit de propriété n'est à personne et par suite est à tous. « La possession d'une chose, dit en effet Savigny (3), est un état qui permet, non seulement d'exercer physiquement sur elle un action personnelle, mais encore d'en éloigner toute action étrangère. C'est ainsi que le batelier possède sa bar-

(1) Cauchy, *loc. cit.*, t. I, p. 34.

(2) *Institutes*, livre 2, titre 1 § 1. — Vattel, *Le droit des gens*, § 280-281. — Hautefeuille. *Droits et devoirs des nations neutres*, § 50-51.

(3) Savigny. *Traité de la possession*, §§ 1 et 18, rapporté par Ortolan, loc. cit., t. I, p. 125.

que, mais non pas l'eau sur laquelle il glisse, quoique l'une et l'autre servent à son but..... La possession d'une chose repose sur la conscience et sur le fait d'un pouvoir presque illimité ».

Or, la mer peut-elle être soumise à un pareil pouvoir? Y a-t-il un Etat, lui fût-il possible de réunir tous les navires de l'univers, qui soit capable de réduire la mer en sa puissance et sa possession? « Décuplez, centuplez, dit Ortolan, toutes les flottes du monde réunies, mettront-elles la mer à la discrétion d'un peuple (1) » ? Il y a donc une raison matérielle pour laquelle la mer n'est pas susceptible de faire l'objet de propriété. Tout au plus peut-on admettre au profit d'un navire sur les flots où il vogue, une occupation temporaire, momentanée et toute locale. « L'occupation de l'un peut incessamment être remplacée par celle de l'autre, ce qui est la conséquence et la preuve de la nature propre des mers placées entre les nations pour leur rester communes. » Si l'on concluait que de ce fait si rapide résulte un droit exclusif de propriété ce serait établir

(1) Ortolan, *loc. cit.*, t. I, p. 125. Dans le même sens, voir Hautefeuille, *loc. cit.*, t. I, p. 18. — « La possession ne peut s'établir que sur une chose certaine et connue... La fluidité de l'Océan est telle que la même portion de sa surface, et même de sa substance toute entière change sans cesse de place, soit que les couches supérieures s'enfoncent dans les abîmes, pour céder leur place au soleil à celles qui en sortent; soit que, cédant au souffle des vents, aux courants, dont les causes mêmes sont inconnues à l'homme, elle coure d'une extrémité du globe à l'autre, sans qu'il soit possible de la saisir, de la suivre où même de la connaître. »

une prescription sur une possession sans cesse interrompue et toujours troublée » (1).

Il n'y a donc pas propriété, mais peut-il y avoir appropriation d'un caractère spécial? C'est ce que semble avoir voulu dire Massé. Cet auteur argumente de ce fait que « l'Océan étant à chacun et à tous, personne n'a le droit de contraindre celui qui en occupe une partie à la lui céder parce que la place qu'il occupe lui appartient tant qu'il l'occupe » (2). Déduire de ce fait momentané un droit d'appropriation, c'est méconnaître à notre avis, les caractères essentiels de la possession, c'est oublier qu'elle doit être permanente et continuelle. Le même auteur ajoute il est vrai que, « si un navire a droit à toute la partie de la mer qui le porte et lui sert de mouillage ainsi qu'à toute celle qui lui est nécessaire pour la liberté de ses évolutions, quand il a abandonné une position, il ne peut trouver mauvais qu'un autre s'en empare » (3). C'est donc la preuve évidente qu'il n'y a pas dans ce fait un droit d'appropriation, sans quoi on pourrait détendre à tout navire une semblable usurpation.

Nous croyons qu'il s'agit plutôt dans ce cas d'un droit d'usage; et ce droit n'existe que sur la chose que l'on a momentanément en son pouvoir et tant qu'on la conserve; il disparaît avec la perte ou

(1), (2), (3) Massé, *Le droit commercial dans ses rapports avec le droit des gens et le droit civil*, liv. 2, tit. I, chap. I, pp. 108 et s.

l'abandon de cette même chose. Or, telle est la situation : le navire use de l'étendue de la mer qui lui est nécessaire, il ne la possède pas, car un autre viendra après lui et la laissera à d'autres encore sans qu'aucun puisse acquérir plus de droits que n'en avait celui qui l'aura précédé. Tout droit d'appropriation de la mer est donc impossible.

Mais, si la mer ne peut être appropriée, ne peut-elle tout au moins être soumise à l'empire d'une nation déterminée ? Le droit d'empire sur la mer serait la faculté au profit d'un peuple d'exercer à l'encontre de tous autres des droits de police, de juridiction, de visite, de saisie, qui constitueraient en fait un acte de souveraineté. Or, si nous ne considérons que la pleine mer, et si nous laissons de côté les rades, les ports, les mers enclavées, nous dirons que la mer n'est susceptible d'aucun de ces droits, car elle est le patrimoine de l'humanité tout entière.

Toutes les nations, en effet, ou presque toutes ont des points de contact avec la mer soit par leurs côtes, soit par des baies ; et il semble, par là, que la Providence ait voulu donner à chacune des droits sur l'Océan. C'est sur cette situation physique, naturelle, qu'est fondé le droit de chaque peuple à jouir de la pêche, de la navigation et du commerce dans la proportion de ses forces et de ses besoins. Par les usages qu'elle procure et par sa destination, la mer appartient à tous. Elle est libre ; aucun peuple, quelque puissant qu'il soit, ne peut sur la pleine mer s'arroger le pouvoir d'imposer des lois, même, à la nation la plus petite, car les Etats sont égaux sinon en force du moins en droits et tous sont indépendants. Il n'est donc pas possible de confisquer au profit d'un seul, l'usage d'une chose commune, cette prétention constituerait une atteinte aux intérêts de tous. Ce droit de naviguer ou de pêcher dans les hautes mers ou d'autres eaux non comprises dans les limites territoriales est un droit universel. Une seule Puissance ou plusieurs réunies ne peuvent interdire ou fermer aux autres cette grande route du monde. Ce droit de chacun est si vrai, que « si une nation voulait s'arroger sans titre un droit exclusif sur la mer et le soutenir par la force, elle ferait injure à toutes les nations dont elle violerait le droit commun, et toutes seraient fondées à se réunir contre elle pour la réprimer » (1).

En outre des choses utiles à l'existence de tous les peuples, que la mer fournit, nous dirons avec Ortolan « de même que l'air est indispensable à la vie matérielle de l'humanité, de même les mers sont un élément nécessaire au développement complet de sa destinée morale » (2). La mer est en effet, la grande voie naturelle ouverte pour les communications entre les diverses parties de l'Univers. Elle doit rester dans le domaine de tous, parce que, admettre la possibilité d'une appropriation exclusive et réservée, serait méconnaître les droits et l'égalité des nations. Si, l'Océan pouvait devenir la propriété d'un seul, ce serait en arrêtant les communications internatio-

(1) Vattel, *loc. cit.*, t. I, liv. 1, chap. XXIII, § 283, p. 572.
(2) Ortolan, *loc. cit.*, t. I, liv. 2, chap. VII, p. 126.

nales, violer la loi providentielle qui a imposé au genre humain la nécessité de vivre en communauté. La mer est donc le patrimoine de tous et aucun peuple ne peut avoir sur elle des droits même partiels de propriété.

Par sa nature elle-même, la mer ne peut faire l'objet d'une possession continue et permanente, son usage doit être libre et ouvert à tous à perpétuité. Et de là, il résulte que la « mer n'est le domaine de personne, elle est commune à toutes les nations; toutes y ont un droit égal, toutes peuvent en user avec une pleine et absolue liberté et cette liberté ne saurait être gênée sans porter atteinte à leur indépendance » (1).

(1) De Rayneval, *Liberté des Mers*, première partie, p. 61.

Deuxième Partie.

Les applications du principe de la liberté des mers. — Généralités.

Nous avons essayé de démontrer que les mers échappent en principe à tous droits de propriété et de souveraineté. C'est en particulier par les marins que cette vérité est profondément sentie, ils la comprennent par instinct et par intuition. Cette immensité sur laquelle toute domination effective est impossible a été dépeinte en quelques mots par Ortolan en des termes d'une saisissante réalité. Lorsque le marin est « sur cette route immense, sur ce chemin, qui, suivant l'expression de Beutham, est toujours en mouvement et se répare de lui-même, quelle est la puissance étrangère qui pourrait lui dicter des lois » (1)?

(1) Ortolan, *loc. cit.*, t. I, livre II, ch. VII.

Mais la nappe liquide se présente à nous sous plusieurs aspects; c'est ou la pleine mer avec sa vaste étendue et son immensité, mais aussi avec ses baies et ses détroits, ou la mer intérieure véritable lac pour ainsi dire. Dans l'un et l'autre cas, un principe de droit domine : la mer n'est soumise à l'action juridique de l'homme que dans la mesure où il peut en défendre l'accès depuis les côtes.

Si celles-ci entourent complètement ou presque complètement l'onde, la question est résolue d'avance; dans le cas contraire, la balistique entre en jeu. En effet, obligés de respecter la nature et de pourvoir en même temps à la défense des frontières maritimes, les Etats ont admis l'existence d'une mer territoriale considérée comme un prolongement de la terre, mais dont la limite ne saurait dépasser la portée des meilleures pièces d'artillerie.

Nous étudierons donc : 1° la pleine mer; 2° la mer territoriale, les mers intérieures, les détroits et les baies.

CHAPITRE PREMIER

Des eaux qui sont soumises à l'application du principe.

DE LA PLEINE MER

Le droit de défense des côtes domine le principe de la liberté des mers ; donc, nous l'avons déjà dit sous une autre forme, la mer n'est libre que lorsqu'elle ne peut être défendue depuis la terre ferme. Cette règle s'applique à la pleine mer en général et aux détroits, baies et mers intérieures, qui n'ayant pas des passes très étroites ou une largeur restreinte, ne permettent pas aux batteries côtières de croiser leurs feux pour interdire l'entrée des eaux à un navire de guerre. Dès qu'une zone non protégée par les canons permet le libre passage, en principe, il y a liberté. Mais il peut être dérogé à cette règle par des conventions, et on admet qu'au delà de trois milles la mer est libre; chacun peut à son gré, y naviguer et y pêcher.

Ce principe admis par tous les Etats et qui semblait posé d'une façon absolue et définitive, a subi cependant une grave atteinte au commencement du dix-neuvième siècle à propos d'une prétendue suprématie exercée sur la mer de Behring par la Russie d'abord et le gouvernement des Etats-Unis ensuite.

L'origine de cet incident remontait à l'année 1821. A cette époque, la Russie revendiqua un droit de souveraineté exclusif sur la mer de Behring. Les Etats-Unis protestèrent énergiquement contre une telle violation des droits de tous les peuples ; la Grande-Bretagne éleva aussi des réclamations et la Russie abandonna ses prétentions. La question semblait donc résolue et on pouvait espérer qu'elle ne serait jamais reprise. Mais en 1867, la Russie vendit aux Etats-Unis le territoire d'Alaska et en même temps leur transféra tous ses droits en Amérique. Le traité de cession de propriété stipulait, que la Russie « cédait aux Etats-Unis tout le territoire et domaine que possédait actuellement sa dite Majesté sur le continent d'Amérique et les îles Aleoutiennes. »

Il se produisit alors un fait étrange ; les Etats-Uuis, qui avaient été autrefois les défenseurs de la liberté de la pleine mer contre les prétentions de la Russie, réclamèrent à leur profit les droits qu'ils avaient contestés avant la cession. Il est vrai que la situation n'était plus la même. Depuis 1821, l'industrie de la pêche s'était beaucoup développée et les Etats-Unis soumis à la concurrence des pêcheurs étrangers voulurent interdire à ceux-ci l'accès de la mer de Behring.

En 1886, des cutters douaniers américains commirent par ordre un flagrant attentat au droit des gens. Des schooners anglais avaient jeté l'ancre à une distance de plus de soixante mille des côtes pour se livrer à la pêche régulière des phoques à fourrure. Ces navires se trouvaient donc dans la haute mer, et aucun de leurs actes ne les rendait passibles de représailles. Or, les navires américains agissant au-delà des limites territoriales et violant les règles du droit international, pratiquèrent la saisie de ces bateaux de pêche. Les patrons et les équipages anglais furent traduits devant la cour de Sitka, et condamnés à une amende considérable, ainsi qu'à la prison. Le ministre britannique à Washington protesta le 21 octobre 1886 contre cet acte. Le cabinet anglais demanda en vertu de quels droits, les Etats-Unis faisaient saisir dans ces conditions des navires anglais, et en vertu de quelle règle ils prétendaient appliquer les lois nationales américaines à des bâtiments étrangers naviguant en pleine mer.

Les Etats-Unis et l'Angleterre invoquaient en somme le même intérêt, l'intérêt commercial, mais le gouvernement britannique réclamait la liberté pour la mer de Behring (1).

Nous ne retiendrons que ce dernier point, nous

(1) *Journal de droit international privé 1894*, article de M. Fromageot. *Arbitrage de la mer de Behring*, p. 37 et suiv.

réservant d'étudier la question des pêcheries dans un autre chapitre.

Le gouvernement américain mit en avant les droits que les Etats-Unis avaient acquis de la Russie, lors de la cession du territoire d'Alaska. Ceux-ci s'appuyaient sur le texte de l'ukase du 16 septembre 1821, ainsi conçu : « 1° Il est permis aux sujets russes de trafiquer, de pêcher la baleine et autres poissons et d'exercer toute autre espèce d'industrie dans les îles, ports et dans le golfe en général, le long des côtes nord-ouest d'Amérique, à partir du détroit de Behring jusqu'au 51° de latitude nord, comme aussi le long des îles Aleoutiennes et sur la côte est de la Sibérie et des îles Kurules, c'est-à-dire depuis le détroit de Behring jusqu'au cap situé au sud de l'île d'Urup, savoir jusqu'au 45° degré de latitude nord; 2° En conséquence, il est interdit à tous bateaux étrangers d'aborder aux établissements russes mentionnés au paragraphe qui précède et de les approcher endéans 100 milles italiens (1). »

Le gouvernement russe prétendait pouvoir considérer la mer de Behring comme *mare clausum*, et cela, par le droit de première découverte, d'occupation et de possession paisible et incontestée pendant plus de cinquante années. A la suite de cet ukase, M. Adams au nom des Etats-Unis, déclara ne pouvoir admettre aucune de ces prétentions. La question traîna en longueur, mais la Russie n'insista pas et signa avec les Etats-Unis, le 15 avril 1824,

(1) *Revue de droit international, 1893*, p. 417 et ss.

une convention d'après laquelle, « les citoyens et sujets respectifs des hautes parties contractantes ne pourraient être ni molestés, ni entravés, dans aucune partie du Grand Océan appelé Océan pacifique ou Mer méridionale (1) ».

En 1825, un traité analogue fut conclu avec l'Angleterre qui avait aussi fait entendre des protestations. Or, en 1867, lorsque le Gouvernement américain se substitua à la Russie dans ces régions, il méconnut l'égalité de droits qu'il avait revendiquée quelques années auparavant au profit de tous les pêcheurs et navigateurs dans la mer de Behring.

Le secrétaire d'Etat américain, M. Blaine, trouva alors un argument nouveau. Il essaya de démontrer, en s'appuyant sur les traités de 1824 et 1825, que ceux-ci ne contenaient rien de relatif à la mer de Behring. Il prétendit qu'à l'époque où avaient été signés ces traités, on employait fréquemment la dénomination donnée à cette mer, or, puisque cette expression était exclue de la convention, les contractants ne l'avaient pas eue en vue. La conséquence de cette interprétation était le droit exclusif des Etats-Unis sur cette mer et l'interdiction à tout navire appartenant à une autre nation de jeter l'ancre dans ces eaux.

Mais, si l'on reprend le texte du traité de 1825, les prétentions des Etats-Unis ne sont pas fondées. L'article premier accorde aux sujets anglais le droit absolu de naviguer et de pêcher dans n'importe

(1) *Revue de droit international, 1898*, p. 417 et ss.

quelle partie de l'Océan Pacifique. Il ne contient de restrictions qu'à la faculté de débarquer sur le territoire russe. C'est l'application des mesures de police et des garanties de sécurité que peut prendre tout Etat dans sa mer territoriale pour la défense de ses côtes.

Les revendications de l'Angleterre portaient sur toute l'étendue déterminée par l'ukase de 1821 jusqu'à l'Océan arctique, c'est-à-dire y compris le détroit de Behring. Elle voulait que la navigation dans cette région ne fût pas considérée comme une faveur, une sorte de servitude consentie par la Russie, mais un droit propre à tous les peuples. On voit dit M. Barklay, d'après l'examen de la correspondance échangée entre les deux gouvernements, « que le cabinet de Londres protesta non pas pour assurer seulement la sauvegarde d'un droit britannique, mais contre ce qui d'après lui, constituait une contravention aux principes du droit des gens (1). » Il n'est pas douteux, en effet, que la mer de Behring fût comprise dans le terme général d'Océan Pacifique contenu dans le traité de 1825 et l'argumentation du secrétaire d'Etat américain ne reposait sur aucune base sérieuse.

Lorsque l'Angleterre protesta, elle ne voulut reconnaître à la Russie, sur la mer objet du litige, que les droits ordinaires de juridiction et de protection d'un Etat sur sa mer territoriale. Or, en renonçant à toute idée de domination exclusive, la Russie admit

(1) *Revue de Droit international*, 1893, p. 432.

implicitement qu'elle avait outrepassé ses droits. Elle prit donc vis-à-vis du gouvernement anglais une sorte d'engagement, qui en détruisant ses prétentions, la liait pour l'avenir. Nous dirons, en nous servant d'une expression de M. de Martens, en 1824, la Russie renonça à ses prétentions excessives, et en 1825, elle conclut avec les Etats-Unis et l'Angleterre des conventions qui annulaient en réalité les effets de l'ukase de 1821 (1).

Par le traité de 1867, les Etats-Unis ne reçurent de la Russie que les droits dont elle jouissait elle-même en vertu de cet axiome : *Nemo plus juris transferre potest, quam ipse habet.* Or, en 1824, la Russie avait abandonné toute possession d'un droit exclusif sur la mer de Behring et avait admis la liberté de navigation et de pêche dans cette partie de l'Océan Pacifique. Le cessionnaire, ne pouvait donc avoir des avantages auxquels le cédant avait renoncé. De plus, par le traité de 1825, la Russie avait pris vis-à-vis de l'Angleterre un engagement perpétuel et le gouvernement américain n'avait pas le droit de rompre la convention faite par son prédécesseur. Pour arriver à une solution, l'Angleterre et les Etats-Unis décidèrent par le traité de Washington, du 29 février 1892, de faire trancher la question par un tribunal arbitral.

Les ministres d'Etat américains soutenaient que la mer de Behring n'était pas comprise dans l'expres-

(1) De Martens, *Traité de Droit international*, traduction Léo, t. 1, pp. 466 et s.

sion de Pacific Océan du traité de 1825, lequel laissait entiers les droits de contrôle de la Russie dans cette mer pour la protection des phoques à fourrure. Ils en déduisaient, que tous les droits de la Russie étaient intégralement passés aux Etats-Unis par le traité de 1867, et que jusqu'à cette époque, la Grande-Bretagne avait acquiescé à l'exercice de ces droits au profit des deux Etats.

Le cabinet de Londres répondit au contraire, que la mer de Behring était une *mer ouverte*, et que c'était un droit naturel pour toutes les nations d'y naviguer et d'y pêcher, en dehors des eaux territoriales. Jusqu'au traité de 1867, la Russie n'avait jamais eu un droit de juridiction exclusive sur cette mer, et sa tentative en 1821, de la soumettre sous son entière domination avait échoué. De 1824 à 1886, les navires anglais avaient navigué et pêché dans cette région sans être inquiétés par la Russie et les Etats-Unis. Il résultait donc des faits passés, que le droit de toutes les nations pour la navigation et la pêche dans ladite mer restait entier, et il ne pouvait être restreint que de leur consentement. Tels étaient les divers arguments soutenus devant le tribunal d'arbitrage.

La sentence rendue fut en faveur de la Grande-Bretagne. Le principe de la liberté des mers se trouvait confirmé une fois de plus. La distance de trois mille fut adoptée comme limite normale des eaux territoriales. Cette dernière décision a une importance considérable pour les discussions juridiques auxquelles avait donné lieu la délimitation de la mer territoriale que nous étudierons plus loin.

La pleine mer est donc libre, et tout navire peut y naviguer et y pêcher sans qu'il soit possible à aucune nation de lui imposer ses lois.

La sentence du 15 août 1893 (1), a été la consécration définitive des droits primordiaux de tous les peuples sur la pleine mer. Il admet la reconnaissance formelle que réclamait l'Angleterre. Celle-ci n'avait jamais demandé qu'une seule chose : pouvoir faire dans cette mer de Behring ce que faisaient dans toutes les autres les diverses nations. Le droit de pêche des phoques à fourrures subit toutefois quelques restrictions, nous les étudierons dans une autre partie. Ici, nous n'avons examiné que l'idée de liberté de la pleine mer dont l'incident donne un exemple frappant et caractéristique.

(1) Voir le texte de la sentence dans le *Journal de droit international privé*, 1893.

CHAPITRE II

Des eaux qui ne sont pas soumises à l'application du principe de la liberté.

SECTION PREMIÈRE

LA MER TERRITORIALE

§ 1er. — *De la mer territoriale en général.*

Ce principe de liberté des mers doit cependant être soumis à une restriction en ce qui concerne les eaux les plus rapprochées de la terre ferme. Mais une première question se pose, où finit la pleine mer? On est convenu d'admettre, que chaque Etat possède jusqu'à une distance plus ou moins considérable de ses côtes un véritable droit de souveraineté. Cette sorte de prolongement du sol national s'appelle la mer territoriale. Or, la pleine mer commence précisément où finit la mer territoriale. D'une façon presque unanime, on a admis que celle-ci a une étendue de trois milles, mesure qui indique l'espace naval protégé depuis le rivage par le canon à plus longue portée. La convention de la Haye du 6 mai 1882 sur la pêche maritime et le traité du 29 octobre 1888 relatif à la neutralisation du canal de Suez ont admis cette distance.

Pour garantir sa sécurité, tout Etat doit pouvoir veiller sur ses frontières, même sur ses frontières maritimes, c'est-à-dire sur les rivages qui baignent ses côtes, et cela avec plus de soin peut-être, car dit Ortolan « les frontières maritimes sont par leur nature susceptibles d'une attaque imprévue, d'une soudaine invasion, le commerce interlope et la contrebande peuvent y être organisés sur une large échelle. Une nation doit donc exercer sur les bâtiments de toute espèce qui tenteraient d'aborder clandestinement sur ses côtes, et même sur ceux qui en approchent de trop près la surveillance la plus étendue (1) ». Le prolongement fictif du territoire a été admis dans un intérêt majeur de conservation et de défense, de même que pour la protection des intérêts commerciaux et douaniers du pays. On a proposé aussi l'expression de mer littorale, mer adjacente ou voisine, mer juridictionnelle. Suivant Engelhardt (2), les mots eaux territoriales seraient impropres, parce qu'ils associent deux idées qui s'excluent. Cet auteur estime, qu'il n'est pas juste de qualifier de territoriale la zone extérieure qui, des caps et autres saillies de la côte, s'avance vers la pleine mer jusqu'à

(1) Ortolan, *loc. cit.*, t. I, p. 169.

(2) *Revue de droit international* 1894, pp. 209 et suiv.

une distance de trois ou quatre milles. Il serait plus exact, dit-il, d'employer le terme de « mer littorale », qui indiquerait plus clairement la mer adjacente aux rivages et expliquerait mieux le droit de souveraineté de la puissance contiguë. Nous ne croyons pas que ces raisons aient une grande portée. La dénomination de « mer territoriale » nous semble préférable, elle rend mieux l'idée qu'elle représente, c'est-à-dire le prolongement sur une certaine étendue de la mer, des droits qu'à l'Etat sur son territoire même. D'ailleurs, cette opinion est celle de la majorité des auteurs.

Suivant Klüber en effet, ce qui constitue la mer territoriale, ce sont les parties de la mer qui avoisinent immédiatement le territoire continental de l'Etat, du moins d'après l'opinion presque généralement adoptée, autant qu'elles se trouvent placées sous la portée du canon établi sur le rivage (1). Hautefeuille dit encore dans le même sens : « les parties de la mer qui baignent les côtes, qui les avoisinent immédiatement et leur servent en quelque sorte de frontières, sont ce que tous les publicistes ont appelé les mers territoriales (2) ».

D'après le *Territorialmeer* allemand et le *Territorial waters* anglais, la mer territoriale est l'étendue d'eau qui va depuis le rivage jusqu'à une certaine distance qu'on prétend devoir être la portée du canon. On la regarde donc comme le domaine national

(1) Klüber, *Droit des gens moderne de l'Europe*, § 120.

(2) Voir Hautefeuille, *Droits et devoirs des nations neutres*, t. I, titre Ier, chap. III, section Ire, p. 51.

de l'Etat dont elle baigne les côtes et c'est en vertu d'une fiction qu'elle est considérée comme la continuation du territoire continental. Ce prolongement de la souveraineté territoriale se justifie par divers motifs.

Un Etat doit, afin de garantir la sécurité de ses frontières nationales, avoir la possession exclusive du rivage jusqu'à une certaine distance vers la pleine mer.

Les intérêts politiques, commerciaux et financiers du pays ne peuvent être assurés que par une surveillance assidue, exercée sur les navires qui entrent dans ses eaux, en sortent ou y stationnent.

La plupart des habitants des côtes trouvent dans l'industrie de la pêche le moyen de pourvoir à leur existence, il faut donc leur conserver la jouissance des eaux territoriales.

Mais, l'assimilation au territoire lui-même de cette partie de la mer sur laquelle l'Etat peut de la côte, faire respecter son domaine (1), n'est-elle pas contraire au droit?

Nous ne le croyons pas; il ne s'agit pas ici des eaux de la pleine mer dont l'usage est inépuisable. L'Etat a des droits à sauvegarder. Si la pêche est libre en pleine mer, il ne peut en être de même sur les côtes; elle ne doit pas être permise aux étrangers. Sur tels rivages en effet, il existe certains produits que l'on ne peut trouver nulle part ailleurs, il est nécessaire et naturel que des mesures de police garantissent

(1) Bluntschli, *Droit international codifié*, article 302.

dans ce cas, cette industrie particulière aux riverains de parages déterminés. La pêche du corail et des perles par exemple, doit être protégée et soigneusement règlementée. La formation de ces animalcules est très lente et la consommation en est au contraire très abondante, il est bon de prendre des mesures pour en empêcher un trop rapide épuisement.

Il est aussi d'autres sortes de produits sous-marins qui se rencontrent seulement dans un petit nombre de parages. Ils forment dès lors, suivant l'expression de Cauchy, comme un accessoire légitime du sol territorial des Etats voisins (1). Ils font donc partie du domaine de l'Etat riverain qui doit en conserver la propriété exclusive et réserver à ses nationaux tous les profits de cette pêche.

Il est encore utile, qu'un Etat puisse prendre sur ses côtes, dans l'intérêt de sa navigation et de son commerce, les dispositions qu'il jugera propres à garantir sa sécurité. Il faut donc que ses frontières maritimes soient distinctes de l'océan libre et de la mer ouverte à tous. « Admettre la liberté de la mer territoriale serait anéantir les bases actuelles du commerce international et priver la plupart des Etats navigateurs des avantages immenses qu'ils tirent de leur trafic (2). »

Soit pour éviter les attaques soudaines, soit encore pour garantir ses intérêts commerciaux, l'Etat doit avoir un droit réel sur la mer territoriale. Aujour-

(1) Voir Cauchy, *Droit maritime*, tome I, Introduction, p. 39.
(2) Hautefeuille, *loc. cit.*, titre I, ch. III, sect. Ire, p. 53.

d'hui, celui-ci ne lui est plus contesté, mais quel en est la nature? Droit de propriété ou de simple juridiction?

Plusieurs théories plus ou moins oiseuses et sans grand intérêt de nos jours ont été soutenues. Pour les uns, l'Etat exerce un *dominium*, c'est-à-dire possède sur la mer un domaine éminent qui lui permet de prendre en maître absolu toutes les mesures qu'il lui plaira (1). Donc l'Etat riverain pourrait interdire aux navires des autres nations, même le passage dans ses eaux territoriales.

Les partisans de l'*imperium*, au contraire, ne confèrent à l'Etat qu'un droit de souveraineté ou de protection, c'est-à-dire le pouvoir de garantir sa liberté et son indépendance, d'assurer sa sécurité, sans porter préjudice, sous ces réserves, à la liberté des autres (2). Un arrêt du tribunal suprême de Prusse, du 28 novembre 1866, confirme cette théorie : « Les Etats riverains ont seulement la faculté de prendre des mesures dans l'intérêt de la protection des côtes, de la navigation et du commerce, et c'est à ce point de vue seulement que le droit des gens a admis l'extension nécessaire de la mer territoriale jusqu'à la portée du canon. » En présence de ces deux opinions, nous ne saurions hésiter; celle de l'*imperium* nous paraît

(1) Whaton, *Eléments de droit international*, 2e partie, ch. IV, § 6. — G. de Rayneval, *Histoire du droit de la nature et des gens*, livre II, ch. IX, § 10. — Hautefeuille, *loc. cit.*, t. I, p. 55.

(2) Perels, *Droit maritime international*, traduction Arendt, p. 26. — Ortolan, *loc. cit.*, t. I, p. 175.

préférable. Un Etat a le droit de commandement, de souveraineté et de légitime défense. Sans doute, les limites de ses droits ne peuvent être nettement déterminées, mais on ne peut prétendre exercer sur la mer, même territoriale, un droit de propriété analogue à celui qui peut exister sur terre. L'Etat a assurément des droits, mais ils se bornent à la faculté de prendre des dispositions propres à assurer la protection des côtes, des intérêts commerciaux et fiscaux.

En résumé, « la juridiction de l'Etat riverain ne s'étend sur la mer voisine que dans la mesure jugée nécessaire par la police et la sûreté militaire » (1). L'existence de la mer territoriale permet donc à une nation de défendre son territoire et de protéger son industrie et son commerce; on est unanime pour le reconnaître, mais on peut se demander quelle doit être, en partant du rivage, l'étendue de cette mer territoriale.

§ 2. — *Etendue de la mer territoriale.*

En fait, le littoral de la mer varie constamment selon la marée, les vents et les courants, il faut donc rechercher pour la mer territoriale une limite fixe. Suivant l'ancien droit romain, le point terminus du littoral était déterminé par la haute marée (2). Il embrassait l'espace que couvrait et découvrait le flux et le reflux. D'après l'ordonnance de 1681 « était réputé

(1) Bluntschli. *Droit international codifié*, art. 322.
(2) *Institutes*. Justinien, liv. 2, tit. 1 § 3.

bord et rivage de la mer tout ce que celle-ci couvre et découvre pendant la nouvelle et pleine lune, et jusqu'où le plus grand flot de Mars se peut étendre sur la grève (1). Il convient néanmoins de remarquer que la loi romaine visait la Méditerranée où l'influence de la marée est presque insensible, tandis que l'ordonnance de la marine de 1681 s'occupait de l'Océan. De nos jours encore, les auteurs et la jurisprudence font une distinction entre ces deux mers (2). Le droit des gens moderne et les traités relatifs à la pêche ont pris au contraire, la laisse de basse mer comme point de départ de la mer territoriale. Cependant quelques auteurs ont proposé de déterminer cette limite d'après l'état de la marée au moment où un fait, cause de litige vient à se produire. Nous ne saurions accepter cette opinion qui ne serait qu'une source de conflits permanents. Wheaton (3) et Ortolan (4) ont soutenu à tort, croyons-nous, que la mer territoriale commençait à l'endroit précis où elle devient navigable. Cette proposition est aussi inacceptable que la précédente. En effet, si sur le littoral d'une mer quelconque se trouve une grande quantité de rochers, et qu'il en soit ainsi sur une largeur de 5 à 6 milles, cette mer ne sera navigable qu'après cette distance; or, l'étendue de la mer territoriale est déterminée par la portée du canon, il faudra donc dans ce cas, un canon

(1) Ordonnance de 1681, art. 2, tit. 7, liv. 4.
(2) Voir *Bulletin du Conseil d'Etat*, 1884, p. 335.
(3) Wheaton. *Eléments du droit des gens*, t. I, p. 168.
(4) Ortolan, *loc. cit.*, t. I, p. 175.

d'une portée double. Sans doute, on nous objectera que les récifs protègeront les côtes bien plus que les canons eux-mêmes puisque les navires ne pourront approcher, cela est vrai. Mais en principe, l'Etat riverain ne cherche pas à défendre l'accès de ses côtes au moyen de ses vaisseaux, c'est plutôt par les batteries qu'il établit sur le rivage. Il faut dès lors que le point de départ de la mer territoriale coïncide avec la distance à laquelle sont placées les pièces d'artillerie chargées de la protéger.

Pour résoudre ce problème délicat, il ne faut pas oublier qu'il existe un rapport étroit entre la limite du littoral ou le point où commence la mer territoriale, et sa limite du côté de la pleine mer. Les droits de l'Etat s'étendent jusqu'à l'endroit que peut atteindre depuis la côte, la force des armes : on les fera donc dépendre de la possibilité de déterminer l'espace maritime le plus rapproché en se plaçant à terre, on aura ainsi un ligne imaginaire qui sera considérée comme la frontière artificielle, et en dedans de laquelle la souveraineté pourra toujours être exercée en fait (1). Cependant, cette ligne fixée d'après la laisse de basse mer peut naturellement être modifiée par des conventions ; c'est ainsi qu'en 1878 le *British waters juridiction act* a admis qu'on devait respecter une stipulation prenant comme base la laisse la plus éloignée de basse mer.

(1) Perels. *Droit maritime international*, p. 27. D'après ce dernier auteur, il n'est même pas nécessaire que des batteries existent en fait, il suffit qu'on puisse les placer.

La question du rivage étant ainsi réglée, quelle est l'étendue de la mer territoriale du côté du large? Autrefois, les mers étaient infestées de pirates, et dans leurs brusques excursions ceux-ci ruinaient le littoral où ils abordaient à l'improviste. Il fallait se prémunir aussi contre les attaques soudaines de certains peuples trop belliqueux, qui sans aucune déclation de guerre envahissaient les côtes des Etats voisins. Pour ces raisons, on éloignait de plus en plus la limite de la mer territoriale, et on augmentait ainsi l'étendue dans laquelle on se trouvait sous la sauvegarde de l'Etat riverain. C'est ainsi qu'au quatorzième siècle, la largeur de la mer territoriale était de soixante milles, et au seizième on admettait encore cette mesure. Parfois même, on la portait jusqu'à cent milles; il est vrai que c'était là une distance presque extraordinaire, inspirée surtout par la crainte des pirates.

On adoptait le plus souvent des limites moindres, mais cependant bien supérieures à celles que l'on donne de nos jours. Plusieurs traités ont autrefois fixé la limite de la souveraineté de la mer qui baigne les côtes d'un Etat, à quinze lieues (60 kilomètres) et d'autres à quatre lieues (16 kilomètres) (1).

(1) Voir Cussy. *Phases et causes célèbres du droit maritime des nations*, t. I, p. 92.

« C'est par crainte des pirates que nous trouvons dans les traités de 1685 et de 1767 entre la France et le Maroc, que défense est faite aux bâtiments marocains de croiser à moins de trente milles du littoral de la France. »

Valin a soutenu un système fort curieux, d'après lequel les eaux seraient territoriales jusqu'à l'endroit où il aurait été possible de trouver le fond au moyen de la sonde.

Mais de l'application de cette théorie, il résulterait des changements constants dans l'étendue à assigner à la mer territoriale. Le fond de la mer n'est pas uniforme, et suivant les endroits, la mer territoriale eût été ou très large ou très étroite. Du reste, l'auteur comprit la fausseté de son idée et il prévint l'objection qu'elle allait soulever. Il proposa donc de limiter les eaux territoriales à la portée du canon, lorsque les côtes étant tellement escarpées, on ne pourrait trouver le fond dès le bord On devait alors étendre le domaine du souverain jusqu'à la portée du canon et non au-delà (1). Dans le cas où le littoral avait une profondeur peu considérable, on limitait à deux milles le droit de visite des gardes-côtes de l'Etat riverain.

Avec ce système, on aurait eu le long d'un même rivage, et quelques fois sur une faible étendue, plusieurs limites différentes à donner à la mer territoriale. Il eût été très souvent nécessaire de se livrer à des opérations de sondage. Nous savons en effet, que par suite de certains mouvements du sol, le fond de la mer s'exhausse ou s'abaisse. La mesure assignée eût donc été sujette à un perpétuel déplacement et il

(1) Valin, *Commentaire sur l'ordonnance de la marine de 1681*, liv. V, titre 1er, t. II, p. 687.

eût été impossible de déterminer d'une façon précise la ligne de démarcation.

On a proposé encore d'autres bases de délimitation par exemple, la portée de la voix humaine émise sur le rivage. Enfin, Gérard de Rayneval soutient que la mer territoriale doit finir là où il n'est plus possible d'apercevoir la terre. Il estime que la portée du canon est une distance bien restreinte pour la sûreté des côtes et que la mesure la plus juste serait la vue de ces mêmes côtes, c'est-à-dire l'horizon réel (1). Il est évident que cette proposition est aussi arbitraire et impraticable que les précédentes. Pour apercevoir l'horizon, il faudrait supposer toujours un temps clair ; or, le plus souvent les bords de la mer sont couverts de brouillards, il serait donc nécessaire de se rapprocher des côtes et l'étendue de la mer territoriale serait diminuée d'autant. Il faudrait compter aussi avec la vue plus ou moins perçante des marins. On arriverait à ce résultat que, suivant le temps et l'état ophtalmique de la vigie des navires, la mer territoriale aurait une étendue variable.

Les auteurs modernes ont abandonné toutes ces théories, pour admettre que l'étendue de cette mer serait calculée d'après la plus grande portée du canon. Ses bornes du côté de la haute mer sont marquées par la ligne extrême jusqu'où s'étend la protection des eaux exercée sur le rivage. C'est dire en somme, que le pouvoir de l'Etat riverain s'arrête là

(1) Voir G. de Rayneval, *Institutions du droit de la nature et des gens*, liv. II, ch. 10, § 10.

où la force des armes ne peut plus atteindre. L'étendue de la mer territoriale se fixerait donc d'après la portée du canon à chaque époque, elle leur est proportionnée. On a cependant adopté de nos jours, pour éviter des variations rapprochées, la limite de trois milles marins. Cette distance fixe, date de la convention du 2 août 1839, conclue à Paris entre la France et la Grande-Bretagne, pour délimiter les droits de pêche sur les côtes respectives de ces deux Etats.

Il ne faut pas croire toutefois, qu'il y ait une corrélation étroite entre la portée du canon et cette distance de trois mille. Les auteurs ont voulu simplement fixer une distance *commune* à tous les Etats et ce n'est qu'à la suite d'une série d'actes ou d'écrits faits à propos de questions particulières que l'on est arrivé à adopter une règle générale (1), mais qui n'a rien d'absolu. En l'absence de tous traités, la plus forte portée du canon est la mesure générale, celle du droit des gens universel qui doit être observée par tous. Si toutefois certaines puissances s'entendaient pour assigner une autre étendue à la mer territoriale, elles useraient de leur droit propre (2). Mais nous estimons avec Ortolan, que la limite établie ne sera obligatoire que pour les parties contractantes, les autres puissances restant dans

(1) L'identification de la portée du canon et de la distance de trois milles a été cependant formellement consacrée par le *Territorial Waters bill* anglais de 1878.

(2) Calvo, *loc. cit.*, t. I, p. 400.

le droit commun (1). Donc, à défaut de conventions spéciales, la portée du canon doit marquer la véritable borne de la mer territoriale, et l'on admet qu'il faut entendre par là la plus grande portée des meilleurs canons. Or, de nos jours, les armes de défense des côtes à la suite de nombreux perfectionnements, atteignent à une distance de beaucoup supérieure a trois mille. La mesure adoptée est donc trop faible, il serait nécessaire d'augmenter la largeur de la mer territoriale. Une proposition dans ce sens a été faite par M. Seward secrétaire d'Etat américain, dans une note du 16 octobre 1864, avec le désir de la soumettre à une convention internationale. Il demandait en même temps, s'il ne vaudrait pas mieux remplacer la portée du canon par une mesure invariable fixée en chiffres. Cette opinion nous paraît fondée, mais la limite que détermineraient les Etats devrait être absolue et c'est là que réside la difficulté, car la balistique fait des progrès constants dans le but d'atteindre le plus loin possible. Néanmoins, à l'heure actuelle, il paraît indispensable d'étendre la limite commune jusqu'à six milles, qui représentent la portée moyenne des pièces d'artillerie les plus perfectionnées (2). Sur ce point, nous adoptons la théorie de l'Institut de droit international qui a réclamé dans sa session de Paris, à la date du 20 février 1894, que la mer territoriale se prolonge jusqu'à six mil-

(1) Ortolan, *loc. cit.*, t. I, p. 176. — Bluntschli, *Droit international codifié*, art. 302.

(2) Voir *Revue de droit international*, 1894, p. 317.

les marins de la laisse de basse-mer sur toute l'étendue des côtes, et qu'en cas de guerre tout Etat riverain neutre ait le droit de fixer par sa déclaration de neutralité sa zone neutre au-delà de six mille jusqu'à portée de ses canons, car certains peuvent atteindre quoique par exception, à une distance de huit ou dix mille. D'ailleurs dès aujourd'hui, l'Angleterre s'arroge un droit de surveillance au moins dans l'intérêt de la douane jusqu'à douze milles. L'Espagne a réclamé six milles, la Norwège et le Canada, en matière douanière, étendent leurs droits jusqu'à neuf milles.

En règle générale d'après les traités, la limite est de trois mille, mais celle-ci étant insuffisante, il est à souhaiter que des conventions la portent à un chiffre plus élevé, au moins à six mille. Ainsi, serait réalisé l'accord du droit strict, conventionnel avec le perfectionnement déjà considérable des moyens de guerre maritime et de la légitime défense.

SECTION II

DES MERS INTÉRIEURES

Les mers fermées ou intérieures sont celles qui sont enclavées dans les terres et n'ont aucune communication avec d'autres mers, vers elles on n'a accès que par un détroit. Elles font partie intégrante du territoire de l'Etat riverain qui domine leurs côtes, si elles sont situées en entier en dedans de ses frontières. Celui-ci peut donc exercer sur elles tous les droits de souveraineté. Nous dirons avec Perels que dans ce cas « la question de souveraineté se décide d'elle-même (1) ». Mais si plusieurs Etats entoureut une mer intérieure, chacun exerce sa souveraineté jusqu'à la ligne de respect. Dans la partie centrale cette mer est libre pour les riverains. C'est l'application des règles de la souveraineté des Etats sur la mer territoriale.

Nous n'avons qu'un exemple de mer intérieure complètement enclavée, nous voulons parler de la mer Morte que l'on peut considérer comme un grand lac de la Syrie. Il semble aussi que la mer Caspienne entourée de toute parts par la Russie et la Perse puisse être assimilée à une mer fermée. Dès lors on devrait reconnaître à ces deux Etats des droits égaux sur cette mer. Cependant suivant M. de Martens (2), elle est plutôt une mer russe, et l'auteur appuie son opinion sur le traité de Tourkmantchaï, signé en 1828, entre la Russie et la Perse. A cette date, il fut en effet stipulé que pour donner une marque particulière de respect à l'empereur de Russie, le Shah lui cédait à perpétuité le droit exclusif d'entretenir sur la mer Caspienne des navires de guerre. On a soutenu que lorsque plusieurs Etats sont baignés par une mer intérieure, chacun d'eux exerce sur ses eaux un droit

(1) Perels. *Droit maritime international*. Traduction Arendt, p. 35.

(2) Voir de Martens. *Traité de Droit international*. Traduction Léo, t. I, p. 496.

de souveraineté jusqu'à la ligne de respect. « On se trouve dans ce cas dit Perels en présence d'une propriété collective dont les parts doivent être fixées (1). » Nous ne croyons pas que cette délimitation soit nécessaire. Tous les Etats riverains d'une mer intérieure ont des droits égaux sur les eaux territoriales qui baignent leurs côtes, et au-delà la mer est libre.

Mais le plus souvent on désigne encore par cette dénomination des mers qui communiquent avec d'autres par des détroits plus ou moins resserrés. Dans ce cas, elles ne font l'objet d'une appropriation de l'Etat riverain, que si toutes leurs côtes lui appartiennent et s'il est le seul maître du détroit y donnant accès. Il faut donc que le passage soit assez étroit pour être défendu par des batteries placées sur les deux rives (2).

Il peut arriver en effet, que la largeur du détroit soit trop considérable pour être dominée par les canons établis à son entrée. Il se peut aussi que les rivages de cette mer intérieure dependent d'Etats différents ou bien que le détroit soit soumis à une autre souveraineté distincte. Dans ces cas, cette mer sera libre et tous les peuples pourront y naviguer. Les divers Etats riverains n'auront respectivement sur la mer que des droits de police et de juridiction à exercer sur la mer territoriale. Le passage « innocent » ou inoffensif du détroit sera ouvert à tous les navires.

(1) Voir Perels. *loc. cit.*, p. 35.

(2) Whaton. *Eléments de Droit international*, t. 1, p. 168.

La mer Noire entourée par les côtes russes, turques et roumaines est reliée par le Bosphore et les Dardanelles à la mer de Marmara et à la Méditerranée, elle est néanmoins soumise à un régime spécial et considérée comme une mer fermée. Nous devons donc étudier sa condition juridique avec quelques détails. Jusqu'en 1696, elle était entourée par les possessions turques et regardée comme propriété exclusive de l'empire ottoman. Mais à cette epoque, Pierre le Grand s'étant emparé d'Azoff, elle tomba sous la domination de la Russie et de la Turquie. Bien des législations ont règlementé son régime, nous ne citerons que les plus récentes.

Le traité d'Andrinople du 14 septembre 1829 et la Convention des détroits signée à Londres le 13 juillet 1841, imposèrent à la Turquie l'ouverture de ses détroits à la navigation commerciale de tous les Etats, mais avec obligation de les tenir fermés aux vaisseaux de guerre des puissances non riveraines. Le traité de Paris du 30 mars 1856 a règlementé à nouveau la navigation dans cette mer et a proclamé sa neutralisation. Les stipulations du traité de paix sont les suivantes (1).

La mer Noire était déclarée neutre et ouverte à la libre navigation et au commerce en général. Elle était interdite aux navires de guerre, même à ceux des puissances riveraines. De ce fait, on déclarait inutile de conserver ou d'établir des arsenaux sur les côtes.

(1) Voir de Clercq. *Recueil des traités de la France*, t. VII, p. 64.

Cependant, la Russie et la Turquie étaient seules autorisées à avoir un nombre restreint de petits bâtiments de guerre pour le service des côtes. En outre, chacune des parties contractantes pouvait faire stationner aux bouches du Danube deux bâtiments de guerre légers, afin d'assurer l'observation du règlement sur la navigation de ce fleuve. Ces diverses mesures avaient pour but d'empêcher le développement maritime de la Russie sur la mer Noire. Mais, en 1870, pendant la guerre Franco-Allemande, la Russie protesta contre la situation qui lui était faite par le traité de 1856 et déclara ne plus reconnaître les clauses relatives à la neutralisation de cette mer.

A l'instigation de la Prusse, une conférence fut réunie à Londres en 1871, dans laquelle on abrogea l'article relatif à la neutralisation de la mer Noire. On maintint le principe de la fermeture des détroits du Bosphore et des Dardanelles, mais on permit au Sultan de laisser passer les navires de guerre dans quelques cas déterminés comme nous le verrons plus loin. Ces stipulations n'ont pas été modifiées par le traité de Berlin du 13 juillet 1878 entre l'Allemagne, l'Autriche-Hongrie, la France, la Grande-Bretagne, l'Italie, la Russie et la Turquie. La mer Noire est donc soumise à un régime mixte. Elle est libre pour la navigation commerciale de tous les pays, mais elle est fermée en principe aux navires de guerre.

Une législation spéciale a aussi règlementé la navigation de la mer Baltique. Depuis le milieu du siècle dernier on s'est beaucoup occupé de la question de savoir s'il était possible de neutraliser cette mer en cas de guerre. En 1759, un accord fut conclu entre la Russie et la Suède et on décida qu'elle serait fermée à toute sorte d'hostilités. La convention Danoise du 20 mai 1780 entre le Danemark et la Russie consacra ce principe que la France reconnut d'une façon formelle. Une solution identique fut admise en 1781 dans un traité entre la Russie et la Prusse, et l'article 10 de la convention Suédo-Danoise du 27 mai 1794, déclare que la Baltique doit toujours être regardée comme une mer fermée et inaccessible aux vaisseaux armés des parties en guerre éloignées, et que les parties contractantes sont décidées à en préserver la tranquillité la plus parfaite (1).

Il ne s'agit pas de savoir si l'on peut effectivement fermer l'entrée de la Baltique. Les deux passages qui en commandent l'accès sont si étroits, qu'ils seraient facilement défendus. Mais il faut se demander si cette mesure serait légitime à l'égard des navires de guerre étrangers, et pour tout le temps que dureraient les hostilités.

La plupart des publicistes sont d'accord pour admettre qu'elle peut être fermée en temps de guerre par les puissances riveraines.

Wheaton rapporte qu'en 1807, l'Angleterre ne considérait pas la mer Baltique comme fermée, mais il admet qu'en certaines circonstances, elle a pu laisser supposer qu'elle la reconnaissait comme telle (2).

(1) Perels, *Droit maritime international*, traduction Arendt, p. 189.

(2) Wheaton, *loc. cit.*, t. I, p. 175.

Hautefeuille estime que la fermeture de la Baltique est légitime en temps de guerre (1). Enfin, Perels déclare que dans les guerres futures, les puissances neutres de la Baltique apprécieront selon les circonstances s'il y a lieu de fermer cette mer aux opérations militaires (2). Il est à remarquer cependant qu'en 1854, pendant la guerre d'Orient, les Etats riverains ne l'ont pas fermée. Du reste, il eût été impossible de résister aux flottes des puissances occidentales. La même règle de conduite fut observée en 1870. En résumé, il convient d'appliquer aux mers intérieures ou considérées comme telles le principe admis en matière de mers territoriales, sauf conventions contraires. A ces problèmes d'ordre international se rattache celui des détroits et des baies.

SECTION III

DES DÉTROITS

Les détroits servent de communication entre les mers, ils doivent être libres, c'est une conséquence pratique de la liberté ; mais elle n'est pas absolue parce qu'ici les Etats ont des précautions particulières à prendre.

(1) Hautefeuille, *Histoire du droit maritime*, p. 21.

(2) Perels, *loc cit.*, p. 191.

Nous diviserons les détroits en deux groupes :

§ 1. — Ceux qui servent de communication entre des mers fermées ou une mer libre et une mer fermée.

§ 2. — Ceux qui unissent deux ou plusieurs mers libres.

§ 1er. — *Détroits qui servent de communication entre des mers fermées ou une mer libre et une mer fermée.*

Lorsqu'un seul souverain domine sur les deux rives du détroit, il a sûr lui un droit de puissance absolue et exclusive, et il peut prendre toutes les mesures de police qu'il juge nécessaires pour sa sécurité et son indépendance. Les navires de guerre étrangers pourront se voir interdire le passage, mais la navigation inoffensive devra rester libre.

Si le détroit relie deux mers intérieures, l'Etat qui règne sur le détroit devra tolérer que les navires de commerce de l'Etat à qui appartient le littoral de l'autre mer intérieure empruntent cette voie. S'il sert de liaison entre une mer fermée et une mer libre, par application du principe de la liberté des mers, tous les Etats étrangers auront la permission d'en user puisqu'il communique avec la mer libre. Mais la liberté du passage admet des restrictions inhérentes au droit de conservation des Etats sur les côtes desquels les détroits sont situés. Des questions particulières ont été soulevées à ce sujet, et leur règlementation a fait l'objet de traités internationaux.

Lorsque le détroit est si resserré, que les navires qui traversent doivent passer sous le feu croisé des forts placés à l'entrée, l'Etat peut faire tout ce qu'il juge utile pour assurer la sécurité de son territoire (1). Si la navigation en est difficile, on peut avoir besoin de recourir aux services de pilotes expérimentés. Des phares et des signaux doivent indiquer les passages périlleux. Dans ce cas, l'Etat est obligé d'entretenir des feux, des stations de marins habitués à l'exercice du pilotage; mais la navigation étant libre, il est juste qu'une rétribution soit demandée aux navires qui profitent de ces mesures destinées à faciliter la traversée dans ces passes. Or, les traités seuls peuvent fixer l'indemnité due, qui doit être en équivalence avec le service rendu, et non un impôt destiné à entraver la navigation. Lorsqu'une taxe a pour but la rétribution de frais réels, elle est légitime; dans le cas contraire, elle est un abus (2).

La question de la liberté des détroits et de la légitimité des taxes a été posée au sujet de la Baltique, à propos du droit de péage perçu sur les navires de commerce passant par les Sund et les Belts. En 1645, fut fixé et reconnu par traité signé entre le Danemark et les Provinces Unies, le droit pour le premier de ces Etats d'imposer d'un tarif uniforme tous les

(1) Ortolan, *loc. cit.*, t. I, p. 161.

(2) Dans ce sens : Wheaton, *loc. cit.*, 2e partie, chap. IV, § 10, p. 130. — Cauchy, *Droit maritime international*, t. I, p. 41. — Klüber, *Droit des gens moderne de l'Europe*, § 131.

navires étrangers naviguant dans ces détroits A l'origine, cette taxe était l'indemnité d'entretien des phares et signaux, mais avec le développement du commerce les recettes devinrent énormes. Le droit de péage fut non seulement une source de bénéfices pour le trésor Danois, mais encore une sorte de prime de souveraineté imposée par le Danemark ; ce n'était donc plus la compensation d'un service.

Les Etats-Unis protestèrent, en 1848, contre cet abus ; ils voulurent faire une entente amiable, mais la Cour de Copenhague résista. Elle appuya son refus sur un droit de prescription et sur la consécration tacite de ce droit de la part de toutes les nations de l'Europe (1). Mais d'autres puissances ne tardèrent pas à suivre l'exemple des Etats-Unis, et dans un traité conclu à Copenhague le 14 mars 1857, le Danemark renonça à ses taxes et au droit de visite (2). Il s'engagea à entretenir les phares et signaux, et l'emploi des pilotes devint facultatif.

En compensation de ces frais, les puissances contractantes rachetèrent les droits de péage et payèrent à titre d'indemnité la somme de 91,434,675 fr. Les vaisseaux qui traverseraient les eaux danoises, ne pouvaient y séjourner que dans le cas de force majeure ou d'avaries. L'article 5 du traité portait que l'indemnité s'élevait à la somme totale de 30 millions 476,325 rigsdalers et devait être payée dans

(1) Voir Wheaton. *Eléments de droit international*, p. 173, t. I.
(2) Voir Calvo. *Le droit international théorique et pratique*, p. 503, t. I.

un délai de vingt ans par quarante annuités semestrielles d'égale valeur (1). Les Etats-Unis étaient restés en dehors de ces engagements, mais par le traité du 11 avril 1857, ils fixèrent le taux de la somme à payer à 717,829 rigsdalers ou 2,400,000 fr. Dès lors, les détroits de la mer Baltique étaient ouverts à tous les navires et le principe de la liberté des mers était de nouveau affirmé.

De ce que les détroits sont libres, il n'est pas défendu aux Etats riverains de prendre certaines précautions pour assurer leur sécurité.

C'est, en effet, le droit que s'est arrogé sans cesse la Turquie, lorsqu'elle possédait tout le rivage de la mer Noire, pour interdire l'entrée du Bosphore et des Dardanelles aux bâtiments de guerre de toutes les puissances. Pour emprunter cette route il leur fallait une autorisation spéciale du Sultan.

Lorsque la Russie se fut installée sur une partie de cette mer, elle prétendit que le passage des détroits pouvait s'effectuer sans aucune autorisation préalable. La Porte accorda en effet cette liberté aux navires de commerce, mais maintint la prohibition pour les navires de guerre. L'Angleterre reconnut ce droit dans le traité de paix signé à Constantinople le 5 janvier 1809. La Russie au contraire, par le traité d'Ounkiar Iskelessi de 1833 obtenait la faculté de passer par les détroits. Mais en 1838, elle abandonna cette exception et se mit d'accord avec les autres Etats européens, à la condition que ces

(1) Voir Bry. *Précis de droit international public*, p. 148.

passages seraient fermés en temps de paix comme en temps de guerre.

La convention dite des Détroits, du 13 juillet 1841, confirma cette règle. Le Sultan déclara vouloir maintenir le principe établi. Il défendait à tout bâtiment de guerre des puisssances étrangères d'entrer dans les détroits, tant que la Porte se trouverait en paix. Il se réservait aussi le droit d'accorder des firmans de passage aux petits navires armés qui seraient au service des légations des puissances amies. Le traité de Paris du 30 mars 1856 maintint la fermeture, mais autorisa chaque Etat à faire stationner deux bâtiments légers aux embouchures du Danube pour assurer l'exécution des règlements relatifs à la liberté du fleuve. Le Sultan pouvait aussi autoriser le passage et le stationnement des navires ayant à bord un souverain des Etats contractants.

La conférence réunie à Londres en 1871, maintint la fermeture des détroits. Le Sultan peut néanmoins, en temps de paix, permettre le passage aux navires de guerre des puissances amies ou alliées, si la Sublime-Porte le juge nécessaire pour l'exécution des stipulations du traité de Paris de 1856 (1). Après le traité de Berlin de 1878, la situation reste la même.

Les détroits des Dardanelles et du Bosphore sont donc comme la mer Noire ouverts à la navigation commerciale, mais fermés aux navires de guerre,

(1) Voir *Revue de droit international* 1885, p. 362.

sauf les exceptions établies par les traités de 1841, 1856 et 1871.

§ 2. — *Détroits qui unissent deux ou plusieurs mers libres.*

Il y a aussi des détroits qui relient deux mers libres, et ici deux hypothèses peuvent se présenter : ou bien le détroit sera la propriété d'un seul Etat, ou bien il appartiendra à des Etats différents.

Si le même Etat possède les deux rives, le détroit sera sa propriété, mais seulement dans la limite de la mer territoriale, car le passage doit être libre pourvu qu'il soit *inoffensif*. Et comme le dit de Rayneval, « si l'usage des mers est libre, la communication doit l'être également, car autrement la liberté des mers ne serait qu'une chimère (1). » Suivant Ortolan, « quand bien même le détroit de Gibraltar, par exemple, serait assez resserré pour qu'un bâtiment ne pût y louvoyer, il n'en serait pas moins libre parce que la Méditerranée quoique mer particulière, est aussi libre que l'immense Océan (2). »

Mais si le passage innocent du détroit doit être libre, il est permis à l'Etat qui domine sur ses rives de prendre toutes les précautions qu'il juge utiles pour sa sécurité. Quelques auteurs, parmi lesquels Wheaton, admettent que cet Etat est absolument

(1) Voir G. de Rayneval, *Institutions du droit de la nature et des gens*, (livre 2, chap. X, § 7.

(2) Voir Ortolan, *Loc. cit.*, t. I, liv. 2, chap. VIII, p. 161.

maître d'interdire le passage aux navires de guerre. D'autres, comme Ortolan, se contentent du simple droit de surveillance sur les navires.

Nous n'admettrons pas la théorie de Wheaton qui nous paraît trop absolue, et nous croyons que l'Etat riverain peut seulement prendre les mesures nécessaires pour sa sécurité, mais ne peut interdire absolument le passage.

Si les rives appartiennent à des Etats différents, chacun ayant des droits égaux, exercera sa souveraineté jusqu'à la distance de trois milles comme sur la mer territoriale. Il peut arriver cependant, que la largeur du détroit soit assez restreinte et inférieure à six milles. Dans ce cas, la mer territoriale des Etats situés sur une rive, empiètera sur celle de ceux placés de l'autre côté. Il sera difficile de délimiter les droits de chacun ; nous admettrons alors que si les droits et les devoirs réciproques ne sont pas fixés par l'usage ou par une convention « on devra considérer, comme dans les fleuves, la ligne du milieu des eaux comme la limite de la souveraineté (1) », ou bien, on devra établir une ligne de démarcation.

Ce système de délimitation est préférable dans certains cas, cas il évitera bien des conflits.

L'Institut de droit international (2) s'est occupé de la question dans la session de Paris de 1894. Il a dé-

(1) Voir : Perels. *Droit maritime international.* Traduction Arendt, p. 46.

(2) Voir : *Revue de droit international, 1894*, p. 317.

cidé que les détroits dont les côtés appartiennent à des Etats différents, doivent faire partie de la mer territoriale des Etats riverains qui y exercent leur domination jusqu'à la ligne médiane.

Ceux dont les côtes sont la propriété d'un même souverain et qui sont indispensables aux communications maritimes, entre deux ou plusieurs Etats, autres que celui riverain, se rattachent toujours à la mer territoriale de ce dernier, quel que soit le rapprochement des côtes. On ne peut fermer les détroits qui unissent deux mers libres. On réserva le régime de ceux qui sont soumis, en ce moment, à des conventions ou usages spéciaux, il s'agissait dans l'espèce des Dardanelles et du Bosphore.

SECTION II

DES BAIES

Les baies sont de petits golfes ou portions de mer qui s'avancent dans les terres. Il faut faire tout d'abord une distinction.

Les petites baies dépendent de la souveraineté territoriale lorsque l'Etat riverain peut en dominer l'étendue.

Cette domination est possible lorsque les feux croisés, placés des deux côtés de la baie, en défendent complètement l'entrée et que la distance d'une rive à l'autre ne dépasse pas la double portée du canon.

Si ces enfoncements sont encore défendus naturellement par des îles, par des bancs ou par des rochers, ils sont en la possession de l'Etat, maître du territoire qui les enserre (1).

Mais, dans les grandes baies d'une surface plus considérable, les Etats riverains ont-ils un véritable droit de propriété ou faut-il leur appliquer le régime de la mer territoriale? Ils peuvent prendre toutes les mesures destinées à assurer leur liberté et leur indépendance, à garantir leur sécurité, mais ils ne sauraient interdire aux autres nations de se servir d'une chose commune, ils n'ont pas qualité pour exercer un droit absolu de juridiction. Nous ne reconnaissons à l'Etat riverain des grandes baies que les droits qu'il peut avoir sur la mer territoriale. Si l'on admettait à son profit un droit de propriété sur toute la largeur, on arriverait ainsi à détruire la liberté de la navigation en lui laissant l'usage de trop vastes étendues de mer.

Telles étaient cependant les prétentions de l'Angleterre.

Celle-ci voulait imposer sa souveraineté territoriale, sur les baies excédant dix milles de large qui étaient situées sur les côtes de la Grande-Bretagne et de l'Irlande. Elle désignait ces parties de mer sous la dénomination de « narrow seas et adjoining seas (2) », mais les Etats étrangers n'ont jamais admis cette prétention. Elle revendiquait un droit du

(1) Ortolan. *Loc. cit.*, t. I, p. 160.
(2) Perels. *Loc. cit.*, p. 44.

même genre sur les avancées des mers dans les terres sans aucune considération pour leur étendue. Elle voulait par suite, placer sous sa juridiction toutes les eaux comprises au dedans d'une ligne tirée entre deux promontoires et elle donnait à ses prétendues dépendances de la mer territoriale le nom de « Kings chambers » ou chambres royales.

C'est ainsi; qu'en tirant une ligne droite d'un cap à l'autre, l'Angleterre fait entrer dans son domaine propre la baie de la Conception à Terre-Neuve (1), bien qu'elle ait une largeur moyenne de quinze mille. En 1877, elle opposait une fin formelle de non recevoir à une société qui avait établi un câble sous-marin à une distance de plus de trois mille de la côte. Elle en refusa l'usage pour ce motif, que la baie toute entière faisait partie intégrante du territoire anglais.

Quelques publicistes, parmis lesquels Wheaton, soutiennent que le pouvoir de juridiction de l'Angleterre sur ces baies, doit être admis parce qu'il repose sur un usage établi depuis un temps immémorial (2). Nous répondrons avec Perels, qu'un semblable droit exclusif ne peut en aucune manière, être acquis par une simple possession (3). Des droits analogues furent réclamés sur les grandes baies des côtes de l'Amérique du Nord par les Etats-Unis. En 1793, ils prétendirent à un droit de propriété sur la baie de Delaware.

(1) Bry. *Précis de Droit international public*, p. 151.

(2) Wheaton. *Loc. cit.*, t. I, p. 170.

(3) Perels. *Loc. cit.*, p. 45.

Depuis quelques années, il semble, cependant, que l'Angleterre abandonne ses prétentions exagérées.

En 1878, le «Territorial Waters Juridiction Act» a limité à la distance de trois mille, le droit de juridiction sur la mer territoriale. Cet acte est très remarquable parce qu'il caractérise la doctrine récente de l'Angleterre. Lors de la présentation du bill à la chambre des lords, on discuta longuement sur ce point et les explications fournies prouvent que le gouvernement anglais jugea inopportun de contredire les idées modernes sur la liberté de la mer, en revendiquant le droit de juridiction dans une aussi vaste proportion (1). La sécurité d'un Etat n'exige pas en effet, qu'il étende ses droits de police sur une grande superficie.

La limite fixée à trois mille est suffisante pour donner à un pays toutes les garanties de sécurité dont il a besoin. Nous avons vu qu'on a proposé d'augmenter cette distance en raison de la portée croissante des pièces d'artillerie, mais aucune décision n'a encore été prise. Puisque certains canons de côtes ont une portée de neuf à dix mille, l'Etat riverain pourra dominer toutes les avancées de mer dans les terres dont l'ouverture n'excèdera pas vingt mille. Cette modification due aux progrès de la balastique ne sera pas en opposition avec la règle qui donne à l'Etat un droit d'*imperium* sur les grandes baies dont l'ouverture n'excède pas la double portée du canon.

(1) Perels. *Loc. cit.*, p. 46.

D'ailleurs, la distance de dix mille a été admise déjà, pour les baies qui n'ont pas une largeur supérieure, dans plusieurs traités concernant le droit de pêche, afin de prévenir les troubles possibles dans l'exercice de cette industrie. Elle a été consignée pour la première fois, dans la Convention franco-anglaise du 2 août 1839, qui avait pour but de délimiter les droits des Etats pour la pêche dans le canal de la Manche. Il fut décidé, que l'Etat riverain aurait le droit exclusif de pêche dans les baies, dont l'ouverture n'excède pas dix mille, à compter des points extrêmes de la terre ferme et des bancs de sable. Dans le même sens, il existe une décision prise par la confédération de l'Allemagne du Nord à propos des limites à assigner à la pêche sur les côtes allemandes. L'office du commerce britannique a ratifié cet acte par un avis de novembre 1868. Cette mesure a été adoptée depuis, comme règle générale, et elle a été consacrée par la Convention internationale signée à la Haye le 6 mai 1882, portant réglementation de la pêche dans la Mer du Nord, en dehors des eaux territoriales (1).

La loi française du 1er mars 1888, réserve aussi au profit des nationaux, le droit de pêche dans les eaux territoriales dont la largeur ne dépasse pas dix mille. Cependant, l'Institut de droit international a admis la distance de six mille comme règle de principe pour la mer territoriale.

De ces divers traités, il ne faut pas conclure que la

(1) Voir le texte de la loi dans Perels, *loc. cit.* Appendice, p. 383.

propriété exclusive des eaux appartient à l'Etat, mais qu'il peut seul, exercer le droit de pêche et le réserver au profit de ses nationaux. Toutefois, il peut arriver que la surface de la baie soit très restreinte et que la mer territoriale d'un Etat empiète sur celle de l'autre, dans ce cas, on considérera la ligne du milieu des eaux comme la limite de la souveraineté, ou bien il faudra établir une ligne conventionnelle de démarcation. Cette solution a été adoptée par la France et l'Espagne, le 30 mars 1879, lorsque ces puissances ont délimité dans la déclaration de Bayonne l'étendue de leurs juridictions dans les eaux de la baie du Figuier (1).

L'Institut de Droit international s'est préoccupé de cette question dans la session de Paris de 1894.

Les résolutions prises par lui sont d'une très grande importance, car elles affirment le droit de souveraineté de l'Etat, fixent à six mille marins la mer territoriale, et en ce qui concerne les baies, s'exprime ainsi : « pour les baies, la mer suit les sinuosités de la côte, sauf qu'elle est mesurée à partir d'une ligne droite tirée en travers de la baie, dans la partie la plus rapprochée de l'ouverture vers la mer où l'écart entre les deux côtés de la baie est de douze mille marins de largeur, à moins qu'un usage contraire et séculaire n'ait consacré une largeur plus grande (2) ». Mais pour compléter cette disposition, l'article sui-

(1) Voir de Clercq. *Recueil des traités de la France*, t. XII, p. 394.

(2) *Revue de Droit international*, 1894, p. 317 et ss.

vant stipule, qu'en cas de guerre « l'Etat riverain neutre a le droit de fixer par la déclaration de neutralité ou par notification spéciale la zone neutre au-delà de seize mille jusqu'à portée du canon des côtes ». Il convient de faire remarquer que les membres de la minorité proposèrent de substituer la limite de dix mille à celle de six mille, mais cette opinion ne fut pas partagée.

On estima que l'article 4 donnait une garantie suffisante aux Etats neutres en leur permettant de superposer une zone neutre jusqu'à portée du canon, à la mer territoriale proprement dite. On conçoit en effet, que cette zone de neutralité pourra varier nécessairement avec l'artillerie plus ou moins perfectionnée de chaque Etat. Pour les baies, c'est donc la règle générale qui se trouve encore appliquée, l'Etat aura par voie de conséquence sous sa souveraineté, toutes les anses dont l'ouverture ne sera pas supérieure à douze milles. Bien que les jalousies des puissances ne soient pas près de s'apaiser, il faut espérer que dans un avenir prochain, le projet de l'Institut ne recevra pas de la part des gouvernements une opposition irraisonnable. Car, le droit de légitime défense étant suffisamment consacré, l'idée de l'entière liberté de la mer doit de plus en plus s'affirmer et triompher.

Après avoir ainsi étudié le régime de la mer territoriale et des autres parties de la mer soumises aux mêmes règles, ayant admis comme principe la liberté d'une part, les droits de protection des côtes de l'autre, et nous plaçant à un point de vue plus général, nous nous demanderons dans quelle mesure la navigation quoique libre est cependant règlementée, et de quelle manière, les marins des divers Etats doivent se prêter mutuellement assistance. Nous nous occuperons ensuite du cabotage, de la pêche, et nous rechercherons enfin, comment il convient d'établir et de protéger les câbles sous-marins qui sont un élément précieux de civilisation et de concorde internationale.

CHAPITRE III

Des faits qui rentrent dans l'application du principe

SECTION PREMIÈRE

DE LA NAVIGATION. — GÉNÉRALITÉS

Une des conséquences immédiates de la liberté des mers est le droit pour tous les peuples d'en user en commun, dans l'intérêt du commerce et des relations internationales.

La pleine mer est une *res communis*; or, « c'est le droit du premier venu d'user de ces sortes de choses, droit en vertu duquel il exerce pendant toute la durée de son occupation, tous et les mêmes droits sur la chose commune qu'il aurait eus sur elle, si dans ce même moment elle lui appartenait exclusivement; c'est-à-dire qu'il acquiert la possession *fictive et momentanée* de la chose commune pour le temps qu'il en fait usage (1).

(1) V. Gerard de Rayneval. *Institutions du droit de la nature et des gens*, liv. 2, chap. 10 § 6.

Il existe un lien direct entre le commerce et le droit de navigation; car, si chaque peuple revendique le libre usage de la mer et en retire des avantages, c'est surtout en vue des entreprises commerciales. Or, le fait de naviguer n'exige aucun consentement de la part des divers Etats; la faculté de se servir de la mer ne résulte d'aucun contrat: C'est un droit primordial, propre à chaque nation en particulier et à toutes en général, pour faciliter le développement de leurs rapports internationaux. Cette idée a été exprimée en termes succints dans ce passage d'Emerigon où il est dit: « Par le droit naturel, la mer appartient à tous les hommes, il est permis à chacun d'y naviguer » (1). Et Hautefeuille (2) abonde dans le même sens.

Quoique la liberté de la mer soit absolue et que tous les peuples aient des droits égaux à cet usage, et même précisément pour ces raisons, il a été jugé nécessaire de s'entendre en vue d'une réglementation générale pour garantir la sécurité des navires.

Le droit de navigation existe donc au profit de tous sous la réserve de l'observation des règlements internationaux qui régissent l'usage de la mer. Ceux-ci sont relatifs aux abordages et assistance en mer, au cabotage, au cérémonial maritime, à la police de la pêche et à l'établissement des cables sous-marins. Nous les étudierons sous ces diverses rubriques.

(1) Emerigon. *Traité des assurances*, p. 414.
(2) Hautefeuille. *Histoire du droit maritime*, p. 27.

TITRE I — *De l'abordage et de l'assistance en mer en cas de naufrage. — Généralités.*

De tout temps, les abordages ont été les accidents les plus terribles que l'on eût à redouter sur la mer, mais autrefois, avec la navigation à voiles ou à rames et le peu de développement du commerce, les collisions entre navires étaient assez rares. De nos jours au contraire, on n'a que trop souvent à déplorer de pénibles catastrophes par suite des progrès du machinisme et de l'accroissement des flottes. Ajoutons à cela la perfection des instruments nautiques qui permet aux vaisseaux de prendre toujours la ligne droite, de telle sorte qu'ils suivent le même sillage, et nous voyons combien tous ces progrès ont eu comme conséquence d'augmenter sans cesse les risques de choc (1).

Sur la législation qui réglementait le cas d'abordage dans l'antiquité nous n'avons que très peu de documents.

Nous ne savons rien sur les lois maritimes de la Grèce. Le droit romain ne nous parle de l'abordage que dans la loi *Aquilia* et encore est-ce d'une façon toute incidente. Cette loi avait pour but de fixer l'indemnité due à la victime d'un dommage, mais non de prescrire des mesures pour prévenir les collisions

(1) Rapport de M. Mir à la Chambre des députés, *Journal officiel. Documents parlementaires*, avril 1891, p. 358. — *Revue de droit maritime*, p. 160, année 1890-91.

en mer (1). Les Romains ne distinguaient que deux sortes d'abordages. L'abordage fortuit et l'abordage résultant d'une faute.

Le premier ne donnait pas lieu à l'application de la loi *Aquilia*. Dans le cas du second au contraire, l'auteur de l'accident tombait sous l'action de la loi, et la faute la plus légère suffisait pour qu'il fût déclaré responsable (2). La *loi Aquilia* réparait le dommage causé à la fortune d'autrui. Pour les règlements de l'indemnité, on calculait la plus grande valeur qu'avait eue la chose dans les trente jours qui avaient précédé l'abordage (3).

Le droit romain ne nous a donc laissé aucune règle propre aux abordages; il faut arriver au Moyen Age pour trouver quelques dispositions particulières à notre sujet.

Une compilation désignée sous le nom de Rooles d'Oléron, et que l'on fait remonter au onzième siècle, quoique cette date soit douteuse, contient dans deux articles 15 et 16 les prescriptions à observer en cas d'abordage, et les précautions à prendre par les navires ancrés dans les ports ou rades (4).

Dans ce règlement, il est à remarquer que l'on a

(1) Digeste, liv. 9, tit. 2 § 4, *ad legem Aquiliam.*

(2) « *In lege Aquilia et levissima culpa venit.* » Digeste, liv. 9, tit. 2, frag. 44, *ad legem Aquiliam.*

(3) « *Hoc tamen capite non quanti id eo anno, sed quanti in diebus triginta proximis res fuerit, obligatur is qui damnum dederit.* » *Institutes*, liv. 4, tit. 3, *de lege Aquilia.*

(4) Pardessus. *Lois maritimes antérieures au dix-huitième siècle*, t. I.

présumé la possibilité d'un abordage fortuit, et dans ce cas les cargaisons comme les navires contribuaient pour moitié aux dommages causés ; mais si la faute n'avait pu être démontrée d'aucun côté, on partageait les pertes ou indemnités. Nous croyons, avec M. de Valroger, que cette disposition avait eu pour but de prévenir le cas où un vieux navire se serait mis de lui-même sur la route d'un autre de construction plus récente ou en meilleur état, afin de recevoir des avaries et de se faire payer le vieux comme le neuf (1).

Les prescriptions des Rooles d'Oléron ne règlementent que l'abordage dans les ports. Il n'y est nullement question de collision en pleine mer, il est probable cependant que la règle suivie devait être la même dans tous les cas.

Un règlement analogue se retrouve dans les Jugements de Damne en Flandre, ou lois de Westcapelle, et on ne s'y occupe pas davantage de l'abordage en pleine mer. L'indemnité des frais causés par le choc de deux navires dans un port, se règle par moitié, lorsque la faute n'est pas déterminée (2).

Il faut arriver à un recueil paru vers le milieu du quinzième siècle, les Coutumes d'Amsterdam, pour trouver quelques règles relatives à ce sujet. Outre des mesures locales et des prescriptions générales maritimes suivies par les villes commerciales de la

(1) De Valroger. *Droit maritime*, p. 114, t. V.

(2) Pardessus, *loc. cit.*, t. I., p. 379. (Jugements de Damne (jugement 15).

Baltique, ces coutumes prévoient deux cas d'abordage, celui qui a lieu en pleine mer et celui qui peut se produire dans les ports.

Dans le cas d'abordage en pleine mer prévu par l'article 12, si le capitaine du navire abordeur n'a rien fait pour éviter la collision, ou s'il y a eu en quelque sorte bonne volonté (*met willen*) de sa part pour la laisser se produire, il supporte seul tout le dommage causé aux deux navires. S'il y a eu cas fortuit, le partage des frais doit se faire par moitié. La répartition se faisait aussi au pair (*half in half bethalen*) si l'abordage avait lieu dans un port (1). Nous signalerons encore l'article 32, parce qu'il prévoit une hypothèse dont la solution est assez bizarre. Si un navire a sombré par suite d'abordage fortuit, le prix des marchandises perdues doit être réparti sur la valeur des deux cargaisons réunies évaluée avant l'accident (2).

Les statuts de Hambourg, Lubeck et Riga contenaient les mêmes règles (3), mais nous remarquons dans les lois de cette dernière ville, une prescription nouvelle et spéciale : Des règlements ordonnaient d'éclairer les navires pendant la nuit. Il n'y avait pas de sanction pénale, l'éclairage était facultatif, mais il appartenait à chaque capitaine de prendre les mesures nécessaires pour éviter l'indemnité conséquence de l'abordage.

(1) Pardessus. *Loc. cit.*, t. I, p. 412, articles 12 et 13 des *Coutumes d'Amsterdam*.

(2 et 3) Pardessus. *Loc. cit.*, t. I, p. 416 ; t. III, pp. 345, 402 et 508.

Nous citerons encore, mais seulement pour mémoire, la célèbre compilation connue sous le nom de Consulat de la mer, dont on ne connaît ni l'auteur ni la date (1). Elle n'est que la reproduction des régles du droit romain sur l'abordage ; elle innove cependant en ce qu'un tribunal composé de prud'hommes instruits dans l'art de la mer devait trancher la question dans le cas d'abordage fortuit (2). Le Consulat de la mer était un recueil d'usages qui régissaient la navigation dans la mer Méditerranée lorsque les populations maritimes ne trouvaient pas de règles spéciales dans leurs statuts locaux. C'était, dit Pardessus, le résumé des lois que chacun pratiquait dans son pays (3).

Pour avoir un véritable règlement maritime, il faut arriver au règne de Louis XIV et à l'Ordonnance de 1681 sur la marine. Œuvre de Colbert, elle est un des monuments les plus importants de notre législation maritime. Elle règlemente l'entrée et la sortie des navires dans les ports, la manière de gouverner, la route à suivre dans le cas où deux bâtiments se croisent ou se dépassent. Ainsi, suivant l'Ordonnance, lorsque deux vaisseaux se présentaient dans un port qui était de difficile accès, le plus éloigné devait attendre que le plus proche ait défilé et que le passage soit devenu libre. S'ils s'abordaient, le dommage

(1) C'était, croyons-nous, un Code des lois maritimes du Moyen Age, attribué aux Catalans.

(2) Pardessus. Voir chapitres 155, 156, 157, 158.

(3) Pardessus. *Loc. cit.*, t. II, p. 19.

devait être imputé au dernier venu, sauf si celui-ci prouvait qu'il n'y avait pas faute de sa part (1). Lorsqu'un vaisseau sortait du port le dernier, il devait prendre garde à celui qui était sorti avant lui.

Le vaisseau qui sortait du port devait faire place à celui qui y entrait. Cette règle est encore appliquée de nos jours (2). Cependant un arrêt de la Cour d'Aix a déclaré que cette prescription n'était plus à observer dans la rade (3). Quand un vaisseau en rade voulait faire voile pendant la nuit, le maître était tenu dès le jour précédent de se mettre en lieu propre pour sortir sans aborder ou faire du dommage à ceux qui étaient dans la même rade, à peine de tous dépens, dommages et intérêts (art. 5, titre des rades).

Il y avait dans les ports une distance à observer entre les navires, et dans les passages, le plus petit devait céder le pas au plus gros (art. 3 des rades et art. 2 et 4 des ports). Il pouvait arriver quelquefois qu'un navire heurtât contre des ancres laissées sans gaviteaux, le dommage était alors imputé à celui qui les avait laissées (art. 5 titre des ports).

Les parcs et bouchots construits sur la grève de la mer à deux cents brasses du passage ordinaire des vaisseaux devaient être démolis, il en était de même

(1) Emerigon. *Loc. cit.*, p. 410.

(2) Un jugement dans ce sens a été rendu par le Tribunal de Marseille, le 16 février 1863; *Journal maritime* 1863, 1, 74.

(3) Tribunal d'Aix, 20 novembre 1876; *Journal maritime* 1877, 1, 175.

des guideaux et des pieux placés dans les mêmes conditions (art 11, 12 et 13, titre des parcs). Des bouées ou gaviteaux devaient être placés à l'extrémité la plus avancée des madragues pour éviter toute collision. Enfin les navires devaient être éclairés pendant la nuit, et le plus proche de l'entrée du port devait avoir un feu au fanal pour avertir ceux venant de la mer. D'après ces prescriptions, nous voyons que l'ancien droit qualifiait d'abordage tout choc contre un objet quelconque tel que pieu, jetée, épave.

Dans notre législation actuelle, le mot abordage a un sens beaucoup plus restreint.

Abordage vient du verbe aborder qui peut avoir plusieurs significations.

Dans l'article 244 du Code de Commerce, aborder indique l'action de prendre terre. « Si le capitaine aborde dans un port étranger ». Tantôt il est synonyme d'accoster, on dit « aborder un bâtiment », c'est-à-dire diriger un navire sur une embarcation de façon à toucher un autre navire sans le heurter. Aborder désigne encore le fait d'un navire qui dans un combat naval se jette sur un autre pour l'accrocher ou le couler. Enfin, suivant l'article 407 du Code de Commerce ; l'abordage est le choc de deux navires l'un contre l'autre.

Notre Code (1) prévoit trois sortes d'abordage, fortuit, fautif et douteux, mais il ne s'agit toujours que de deux navires qui se heurtent. Il faut donc

(1) Voir article 407 du *Code de Commerce*.

décider qu'il n'y a pas abordage, lorsqu'il y a choc entre un navire et un objet quelconque.

De nombreux arrêts et jugements ont tranché la question dans ce sens, et par navire on entend tout bâtiment susceptible de naviguer. Le choc d'un navire contre un autre non en état de navigabilité, tel un bateau-lavoir, ne saurait être considéré comme un abordage. De même il n'y a pas abordage, lorsqu'un navire heurte contre une jetée (1), contre le ponton d'un bâtiment à vapeur (2), contre un bloc de glace flottant (3), contre un bâtiment réduit à l'état d'épave ou contre la chaîne d'un bâtiment à l'ancre (4). De ces nombreux arrêts, il faut conclure que l'abordage ne s'entend plus que du choc de deux navires et c'est exclusivement dans ce sens que l'a pris notre législation moderne.

Législations antérieures à 1884

Avant d'analyser la loi qui régit de nos jours la navigation maritime, nous résumerons rapidement les ordonnances ou décrets qui l'ont inspirée et qu'elle a complétés.

(1) Tribunal de Douai, 13 mai 1859, Sirey 1860, 2, 9.

(2) Tribunal de Bordeaux, 13 décembre 1860, *Recueil de Bordeaux* 1860, p. 504.

(3) Tribunal de commerce d'Anvers, 11 avril 1863; *Jurisprudence du port d'Anvers* 1864, 1, 308.

(4) Tribunal de commerce de Marseille, 24 janvier 1871; *Recueil de Marseille* 1871, 1, 64.

En 1843, le 23 mai, une ordonnance royale réglementa la marche des bateaux à vapeur sur les rivières. Ils devaient porter pendant la nuit, suivant l'article 61, deux fanaux l'un à l'avant, l'autre à l'arrière, à verres blancs lorsque le bateau descendait et à verres rouges quand il remontait. Il n'était pas encore question de la navigation sur mer, mais la fréquence des abordages attira enfin l'attention des puissances. En 1848, la France et l'Angleterre se mirent d'accord pour imposer aux capitaines l'éclairage des navires pendant la nuit, mais par oubli on ne comprit pas dans le règlement les navires à voiles et cette lacune fut comblée en 1852.

Un décret de 1858 généralisa cette obligation pour tous les bâtiments et, à la suite d'un traité conclu entre la France et l'Angleterre, le 29 juillet 1862 et auquel adhérèrent toutes les puissances maritimes, le gouvernement français publia en 1867, un règlement général sur la marine.

Tous les navires à vapeur comme à voiles devaient porter des feux entre le coucher et le lever du soleil. Ces feux devaient être blancs, verts ou rouges suivant qu'ils étaient placés en tête du mât de misaine, à tribord ou à babord. En temps de brume, le sifflet, le cornet ou la cloche servaient de signaux. La navigation était donc règlementée mais ces mesures étaient encore insuffisantes en face des progrès toujours croissants et de l'accélération de la marche des navires.

Le Conseil de l'amirauté proposa en 1874 une revision des décrets antérieurs. On pensa que le moyen le plus sûr pour prévenir les abordages était d'adopter des règles internationales sur les feux et signaux. Un premier règlement concerté entre les grandes puissances maritimes fut publié le 4 novembre 1879. La Belgique, le Portugal, l'Autriche, l'Italie, l'Allemagne, la Russie, donnèrent leur adhésion, mais il ne fut pas appliqué immédiatement en Angleterre et en France. Ces deux gouvernements ne purent s'entendre sur les feux que devaient porter les bateaux de pêche et les bateaux non pontés.

Ce règlement de 1879 dut être modifié dans ses articles 5 et 10 et un nouvel article 27 dut être ajouté.

Ces diverses modifications donnèrent lieu au règlement de 1884.

Règlement de 1884

Promulgué par décret le 1er septembre 1884, il devint obligatoire en France et en Angleterre ainsi que dans les autres puissances qui avaient déjà accepté le règlement de 1879. Le vice-amiral Peyron ministre de la marine et des colonies disait dans son rapport au Président de la République : « Le décret du 4 novembre 1879 réglait les mesures à prendre pour éviter les abordages. L'article 10 a été suspendu en France et en Angleterre par décisions successives jusqu'au 1er septembre 1884. Le gouvernement britannique a adopté une nouvelle rédaction de l'article 10 et a modifié l'article 3. Le projet de décret est la reproduction du nouveau règlement anglais (1). »

Toutes les règles antérieures sont abrogées par ce décret de 1884.

Nous ne donnerons pas le texte complet de ce règlement, mais nous croyons cependant nécessaire d'en résumer les principales dispositions.

Tous les navires soit de commerce, soit de guerre sont soumis aux mêmes règles pour prévenir les abordages (article 1er).

Feux

Les feux doivent être allumés depuis le coucher du soleil jusqu'à son lever. Tout navire à vapeur qui est en marche doit porter sur le mât de misaine ou en avant de ce mât un feu blanc brillant, à tribord un feu vert visible à au moins deux milles de distance et à babord un feu rouge. Les navires à voiles ont les mêmes feux, sauf le blanc (articles 3 et 6.)

Les remorqueurs portent des feux exceptionnels. Outre les deux feux de côté, deux feux blancs brillants placés verticalement à 91 centimètres au moins l'un au-dessus de l'autre les distinguent des navires à vapeur (art. 4).

Suivant l'article 5, les navires à voiles ou à vapeur qui ne sont pas maîtres de leur manœuvre font des signaux spéciaux. Pendant la nuit, ils présentent trois feux rouges placés dans des lanternes sphériques en

(1) *Journal officiel*, du 5 septembre 1884.

avant du mât de misaine et pendant le jour trois boules noires de 61 centimètres de diamètre placées l'une au-dessous de l'autre. Ils ne doivent pas avoir de feux de côté allumés s'ils n'ont aucun sillage.

Pour les petits navires à voiles qui ne peuvent fixer à leur place les feux de côté, ils doivent les tenir allumés prêts à être montrés.

Si un navire approche, pour éviter l'abordage, on doit rendre ces feux visibles et pour éviter une confusion, les lanternes sont peintes extérieurement de la couleur du feu qu'elles contiennent (art. 7.) Tout navire au mouillage, a un feu blanc visible à un mille au moins (art. 8).

Lorsqu'il s'agit de bateau pilote, on fait une double distinction.

1° Si les bateaux sont sur leur station de pilotage pour le service, un feu blanc sera à la tête du mât et un ou plusieurs feux intermittents doivent apparaître à de courts intervalles ne dépassant jamais quinze minutes.

2° Si le bateau n'est ni dans sa zone, ni en service, ses feux sont les mêmes que ceux des autres navires (art. 9).

Quant aux bateaux de pêche et aux bateaux non pontés dont l'exiguité rend difficile la position des feux sur chaque bord, ils ne sont pas obligés en marche de porter les feux de couleur de côté, mais ils doivent avoir un fanal muni de deux verres, l'un rouge, l'autre vert et sont tenus de le montrer suivant qu'un navire approche à babord ou à tribord.

Les bateaux de pêche avec des filets flottants ou

dérivants indiquent leur place au moyen de deux feux blancs visibles de tous les points de l'horizon par nuit noire et atmosphère pure à une distance de trois mille au moins. Si un accident oblige un bateau de pêche à être stationnaire, il doit montrer un feu blanc et faire le signal de brume d'un bâtiment au mouillage (art. 10).

De deux navires qui vont dans le même sens le premier pour avertir celui qui approche doit avoir au-dessus de sa poupe un feu blanc ou intermittent.

Toutes les prescriptions qui précèdent ont pour but de prévenir les abordages pendant la nuit ; mais les mêmes risques existent le jour, soit que par suite de la brume, d'un brouillard, ou des rafales de neige les capitaines ne puissent apercevoir les bâtiments qui le précèdent ou les croisent, soit qu'ils suivent le même sillage.

Signaux phoniques de brume, de brouillard ou de neige

Pour prévenir les collisions possibles dans ces cas, on a adopté le système des signaux phoniques.

Les uns sont obligatoires par les temps de brume ou de brouillard, les autres sont facultatifs et se font quand un navire change de route.

Il y a trois signaux phoniques obligatoires ; le sifflet à vapeur, le cornet de brume, la cloche.

Tout navire à voiles doit être pourvu d'un cornet et d'une cloche et s'en servir soit de nuit, soit de jour en temps de brume, de brouillard ou de neige.

Un navire à vapeur, en marche, fait entendre un coup de sifflet prolongé à des intervalles de deux minutes au plus. Le navire à voiles se sert du cornet dans le même laps de temps ; un coup lorsqu'il est tribord amure ; deux coups, l'un après l'autre, quand il est babord amure ; trois coups s'il a le vent à l'arrière du travers. Si les navires à voiles ou à vapeur sont stationnaires, la cloche sonnée à intervalles de deux minutes indique leur position (art. 12).

Les signaux phoniques facultatifs peuvent être employés par les navires au cas où changeant de route, ils veulent avertir les autres bâtiments en vue. Ils signalent leur présence par le moyen du sifflet à vapeur, par un coup bref pour dire je viens sur tribord, deux coups pour venir sur babord et trois coups pour aller en arrière à toute vitesse (art. 19).

Les capitaines sont libres d'employer ces signaux, mais s'ils en font usage, leurs manœuvres doivent coïncider avec ces avertissements.

Après avoir déterminé l'usage des feux et des signaux phoniques, le règlement indique la marche à suivre et la manière de gouverner dans les diverses circonstances. Il distingue entre les navires à voiles et à vapeur.

Lorsque deux navires à voiles *font des routes* (1), qui se rapprochent l'une de l'autre de manière à faire courir les risques d'abordage, celui qui court largue doit s'écarter de la route de celui qui est au plus près. Il en est de même pour celui qui est au plus près babord

(1) *Journal Officiel*, 5 septembre 1884, texte cité.

amure, par rapport à un autre qui est au plus près tribord amures.

Si les deux navires courent largue, mais avec les amures de bords différents, le bâtiment qui a le vent par babord s'écarte de la route de celui qui le reçoit par tribord.

Celui qui est sous le vent doit s'éloigner de celui qui est au vent, lorsque les deux navires courent largue ayant tous deux le vent du même bord.

Enfin, le bâtiment qui est vent en arrière doit s'écarter de la route de l'autre navire (art. 14).

Quant aux navires à vapeur s'ils courent l'un sur l'autre suivant des routes directement opposées, chacun d'eux devra venir sur tribord afin de laisser l'autre passer à babord. Ce cas se présente, lorsque pendant le jour un bâtiment voit les mâts de l'autre navire l'un par l'autre ou très à peu près, ou tout à fait dans le prolongement de son cap, et pendant la nuit si un bâtiment est placé de manière à voir à la fois les deux feux de côté de l'autre (art. 15).

S'ils *font des routes* (1) qui se croisent, le navire qui voit l'autre par tribord doit s'écarter de sa route (art. 16).

De deux navires qui risquent de se rencontrer, l'un à voile, l'autre à vapeur, ce dernier doit s'écarter de la route du premier (art. 17).

Les articles 18, 20, 21 contiennent des règles spéciales à observer par les vapeurs entre eux. Lorsqu'ils se rapprochent dans leur marche, ils doivent pour

(1) *Journal Officiel*, 5 septembre 1884, déjà cité.

éviter un abordage, diminuer leur vitesse, stopper ou même faire machine en arrière. S'ils vont dans le même sens, celui qui rattrape l'autre doit s'écarter du sillage de celui qui le précède. Dans les passes étroites, les vapeurs doivent prendre la droite du chenal.

Le législateur de 1884 a compris combien il était difficile de poser des règles absolues, aussi a-t-il laissé en même temps à l'expérience de chaque capitaine le soin de compléter et d'interpréter ces prescriptions exceptionnelles. C'est ce qui est stipulé dans les articles 23 et 24; toutefois une réserve est faite pour les ports, rades et rivières dans lesquelles on doit se conformer surtout aux règles locales (art. 25).

Nous avons ainsi résumé, les règles générales destinées à garantir autant que possible la sécurité de la navigation; nous devons maintenant dire encore un mot de deux cas spéciaux prévus par le règlement.

Tout d'abord, dans la seconde partie de l'article 5, il est question des navires employés soit à porter, soit à relever les cables télégraphiques. Ils doivent pendant la nuit remplacer le feu blanc qu'ont les vapeurs au mât de misaine par trois feux projetés par des lanternes sphériques disposées verticalement. Le feu supérieur et le feu inférieur sont rouges, celui du milieu blanc. Trois boules sphériques les distinguent pendant le jour.

Enfin, nous avons vu que suivant le rapport de l'amiral Peyron, un nouvel article 27 avait été ajouté sur les instances de l'Angleterre au règlement de 1879.

Il s'agit des signaux à faire par un bâtiment en détresse qui demande du secours, ce sont les suivants :

Pendant le jour : 1° des coups de canon tirés à intervalle d'une minute environ ;

2° Le signal de détresse du Code international indiqué par N. C. ;

3° Le signal de grande distance qui consiste en un pavillon carré ayant au-dessus ou au-dessous une boule ou quelque chose de tel.

Pendant la nuit, en outre des coups de canon, on emploiera des flammes, telles qu'on peut les produire au moyen d'un baril de goudron ou à huile en combustion, et des bombes ou fusées de quelque genre ou couleur que ce soit, lancées une à une à de courts intervalles.

Il semble résulter du Règlement de 1884, que toutes les précautions possibles ont été prises pour éviter les abordages. Cependant, quoique tout à fait récentes, ces mesures ne suffisent plus à garantir, d'une façon suffisante, la sécurité de la navigation.

Des modifications au Règlement de 1884 furent demandées presque aussitôt après sa promulgation. M. de la Ferronays, député de la Loire-Inférieure, fut rapporteur à la Chambre des députés, dans la séance du 16 juillet 1887, de nombreuses pétitions d'armateurs et marins demandant que la loi internationale relative aux abordages fût complétée (1). Le projet fut mis à l'étude et n'a pas reparu, il contenait cependant de sages réclamations qui méritaient d'attirer l'attention du législateur.

Il est de toute évidence, en effet, qu'avec les progrès sans cesse croissants faits par la vapeur, augmentent de plus en plus les craintes d'abordage. Pourquoi comme on l'a fait sur terre ne tracerait-on pas sur la mer des routes montantes et descendantes que l'on délimiterait à l'aide de bouées? Grâce aux moyens de direction que possèdent aujourd'hui les navires, il serait facile de leur faire suivre des voies ainsi déterminées.

L'attention des gouvernements devrait aussi être attirée du côté de l'éclairage imposé aux navires par la convention de 1862 qui aurait besoin de subir des modifications et des améliorations. Nous avons vu d'après le Règlement de 1884, que les feux rouges doivent être visibles à deux milles et les feux blancs à cinq milles. Ces distances qui étaient suffisantes il y a quelques années, pour permettre de faire la distinction de couleur des feux ne le sont plus de nos jours. Les plus grandes vitesses étaient, autrefois, de 12 milles, les grands steamers actuels filent 19 et 20 et parfois même davantage. Dès lors, si deux navires marchent l'un vers l'autre, ils franchissent si rapidement la distance qui les sépare, qu'avant d'avoir reconnu le sens de leurs directions ils se trouvent l'un contre

(1) Voir le rapport de M. de la Ferronays, au supplément du *Journal Officiel* du 17 juillet 1887. Débats parlementaires.

l'autre sans avoir eu le temps de manœuvrer pour s'éviter.

Il serait donc urgent d'augmenter la portée des feux ; on permettrait ainsi aux navires d'évoluer assez tôt à droite ou à gauche pour éviter un abordage et il serait aussi possible de bien distinguer à l'avance la couleur des feux du navire qui est en vue. Une fausse distinction de la couleur des feux est en effet souvent la cause de terribles collisions. Cette erreur résulte de l'affection connue sous le nom de daltonisme, qui empêche de reconnaître les couleurs complémentaires, de telle sorte qu'il est impossible à ceux qui en sont atteints de distinguer entre le rouge et le vert. Il serait donc utile de donner d'abord aux feux blancs une intensité beaucoup plus considérable et de mettre à l'étude un projet de remplacement des verres de couleur par d'autres signaux plus faciles à reconnaître.

Enfin, à moins de cas exceptionnel, les accidents de mer se produisent presque toujours dans les parages dangereux. Or, ces endroits sont connus des navigateurs ; pourquoi n'imposerait-on pas aux navires dans les traversées périlleuses, de marcher à des vitesses maxima. Si cette contrainte existait pour tous, il n'en résulterait pour aucun ni avantage ni inconvénient et on éviterait ainsi de terribles naufrages (1).

(1) En France, M. le commandant Riondel qui a passé la plus grande partie de son existence sur mer s'occupe beaucoup des améliorations à apporter dans la marche des navires.

Cette question de la vitesse des navires a donné lieu à un congrès réuni par le gouvernement des Etats-Unis, à Washington, le 16 octobre 1889.

L'article 13 du Règlement de 1884 relatif à la marche des navires pendant le temps de brouillard ou de brume attira surtout l'attention des membres du congrès. « Par suite, dirent-ils, de l'attitude prise par les vapeurs qui transportent des passagers, de suivre les routes du Sud pour éviter le brouillard et la glace, la conférence adopte la résolution suivante : « Il est « désirable que pendant les mois de printemps et « d'été ces navires suivent une route sud au large « de New-founland et à l'abri du brouillard et de la « glace (1). »

La conférence n'émet qu'un vœu, car elle déclare que s'il est déjà très difficile d'obtenir des navires une vitesse modérée par temps de brume, la difficulté serait encore plus grande si on voulait leur imposer de suivre certains trajets obligatoires. Il serait cependant à souhaiter que les Compagnies se décidassent d'elles-mêmes à porter leurs routes plus au large de certains parages.

Il y a, en effet, dans l'Océan Atlantique une région où les abordages sont malheureusement trop fréquents. C'est dans les environs de l'île de Terre-Neuve. On propose de nos jours la neutralisation de ce banc, qui est placé sur la route suivie par les grands paquebots transatlantiques faisant le service

(1) Congrès de Washington : *Revue internationale de droit maritime*, t. VII, année 1891-92.

entre l'Amérique et l'Europe. Les abords de l'île sont fréquentés par un grand nombre de bateaux de pêche, et les paquebots qui passent d'ordinaire avec une vitesse excessive au milieu de ces frêles embarcations, causent souvent d'horribles catastrophes. En 1895, une goëlette du port de Fécamp, *le Sully*, fut abordée par *la Touraine* de la Compagnie transatlantique et coulée en quelques minutes. De semblables malheurs ne sont que trop fréquents.

Le Congrès de Washington aurait dû étudier les moyens propres à faire cesser ce triste état de choses; il semble au contraire, qu'il ait abandonné à leur sort les pêcheurs du banc de Terre-Neuve : « En ce qui regarde dit-il, la sécurité des pêcheurs sur l'Océan Atlantique du Nord, la Conférence est d'avis que leur sécurité sera mieux *assurée* par une vigilance perpétuelle de leur part et par une application attentive des règles pour prévenir les abordages et spécialement de celles relatives aux feux et signaux phoniques. Si des trajets étaient établis qui éloigneraient les steamers de grande vitesse des bancs fréquentés par les pêcheurs, cela pourrait les mettre dans une assurance telle, à raison de ces règles, qu'ils couraient un danger de la part des navires plus petits qui fréquentent encore ces bancs. » Le congrès abandonne donc les pêcheurs aux dangers dont ils étaient et sont toujours menacés. Pourquoi s'est-il occupé de la situation de l'île de Terre-Neuve, s'il n'avait pas l'intention ferme de rechercher les moyens propres à l'améliorer? Dire que les bateaux de pêche sont protégés par la glace et le brouillard qui font que les steamers se dirigent vers le sud, c'est laisser la question sans solution (1). Lorsque les steamers passent par le sud, c'est l'exception, et nous croyons qu'au lieu de faire dépendre la sécurité des pêcheurs du brouillard ou de la glace, on aurait pu imposer aux vapeurs de passer au large de l'île. Il pourrait résulter de ce fait pour les paquebots une prolongation de quelques heures pour la traversée, mais la règle étant générale, la concurrence n'en éprouverait aucun préjudice. Le résultat acquis serait au moins conforme aux intérêts de l'humanité puisqu'il garantirait la sécurité des pêcheurs. Aucun obstacle sérieux ne s'oppose à l'établissement de cette mesure, il faudrait seulement pour la mettre en vigueur la bonne volonté des Compagnies, mais jusqu'ici elles n'ont rien fait en ce sens. Le congrès leur adresse seulement un appel, parce que dit-il, la loi pénale n'est pas assez puissante pour obliger les transatlantiques à passer au large de Terre-Neuve (2). Il nous semble cependant que force doit rester à la loi, et si les gouvernements se mettaient d'accord, les Compagnies seraient bien obligées de se soumettre.

Dans l'état actuel des choses, les steamers appliquent la formule : la force prime le droit ; or, ils portent une atteinte grave aux droits de chacun. Sans doute, pêcheurs et paquebots ont des droits égaux sur la pleine mer, mais puisque ces lourdes masses

(1) Congrès de Washington : *Revue internationale de droit maritime*, t. VII, p. 203 (1891-92).

(2) Même revue, p. 204.

sont un danger pour les frêles embarcations de pêche, ils doivent s'éloigner de leurs parages. La question reste stationnaire et les pêcheurs de Terre-Neuve sont toujours menacés. Il en sera ainsi tant qu'un règlement international n'obligera pas le capitaine à suivre une autre route.

Le congrès s'est, en outre, occupé des feux et des signaux phoniques, mais il a trouvé les mesures prises suffisantes pour éviter les abordages.

Peut-être en serait-il ainsi si les transatlantiques ou autres vapeurs ralentissaient leur marche dans les endroits fréquentés, mais ils passent le plus souvent à toute vitesse. Il peut arriver alors que les pêcheurs s'aperçoivent trop tard de leur approche, et il suffit qu'ils se trouvent trop près du sillage des grands navires pour être engloutis par le remous des vagues. Nous ne voulons pas dire que les capitaines considèrent comme des quantités négligeables ces embarcations si légères à côté de leur colosse, mais il est certain qu'ils ne prennent pas toujours les précautions nécessaires.

Le congrès de Washington n'a donc apporté aucun règlement nouveau et rien n'a été fait depuis par les divers Etats pour prévenir les abordages. Cependant, depuis la catastrophe récente survenue à la suite de l'abordage de *la Bourgogne* et du *Cromatshire* (1),

(1) A la suite de cet abordage, une action en dommages-intérêts a été intentée contre la Compagnie Générale Transatlantique par Mme Rital dont le mari avait péri dans le naufrage. Le Tribunal civil de la Seine n'a relevé aucune faute personnelle à la charge de

où plus de deux cents personnes ont trouvé la mort, il semble qu'un mouvement se fasse en faveur des réformes. Il est question de tracer sur la mer des routes comme le demandaient les pétitionnaires de 1887. Une réunion de capitaines doit étudier ce projet et rechercher les moyens propres à éviter le retour de pareils sinistres. Mais la date et le lieu de la conférence ne sont pas fixés; espérons cependant qu'on n'oubliera pas d'y donner suite et qu'on étudiera en même temps les désiderata des pêcheurs de Terre-Neuve.

L'inobservation du Règlement de 1884 entraîne des sanctions pénales contre celui, qui par sa faute ou sa négligence, a été la cause d'un sinistre.

Les personnes lésées dans un abordage peuvent encore intenter contre l'armateur et le capitaine une action civile, mais nous ne dirons que quelques mots sur cette question qui demanderait pour être complète des développements considérables et en dehors de notre sujet.

la compagnie, au point de vue notamment de la solidité du paquebot et de la vitesse prescrite, mais il a reconnu la faute du capitaine de *la Bourgogne* dont la compagnie est responsable. Le jugement estime que celui-ci a eu tort de ne pas stopper après l'abordage, de perdre du temps avant de prescrire le lancement des canots et de n'avoir pas fait revêtir les ceintures de sauvetage aux passagers. Pour ces motifs, il condamne la compagnie à 100,000 francs de dommages-intérêts, mais il lui donne acte en même temps de ce qu'elle se déclare prête à faire abandon du navire et du frêt (jugement de la première chambre civile de la Seine, 28 juin 1899).

L'article 407 du Code de commere (1), en ce qui concerne le capitaine, n'est que l'application de l'article 1382 du Code civil (2).

La responsabilité encourue est donc considérable et le capitaine sera tenu sur tous ses biens de réparer sa faute conformément à l'article 2092 du même Code (3).

Il semble que cet article ne doive s'appliquer au capitaine que lorsqu'il est seul propriétaire du navire. Or, il n'est en général que commissionné ; il est cependant tenu comme tel, en vertu de l'article 1382, à la réparation complète du dommage lorsqu'il est seul coupable d'une faute d'abordage.

L'article 216 du Code de commerce semble atténuer sa responsabilité lorsqu'il est copropriétaire ; il dit : « Lorsque le capitaiue ne sera que copropriétaire, il ne sera responsable que des engagements contractés par lui pour ce qui est relatif au navire et à l'expédition que dans la proportion de son intérêt. Il n'est donc question ici que des engagements contractés. L'hypothèse d'une faute commise par le capitaine en sa qualité de commandant du navire paraît étrangère

(1) « Si l'abordage a été fait par la faute de l'un des capitaines, le dommage est payé par celui qui l'a causé » (art. 407 du Code de commerce).

(2) « Tout fait quelconque de l'homme qui cause à autrui un dommage oblige celui par la faute duquel il est arrivé à le réparer » (art. 1382, Code civil).

(3) « Quiconque s'est obligé personnellement est tenu de remplir son engagement sur tous ses biens mobiliers et immobiliers présents et à venir » (art. 2092, Code civil).

à l'article 216 parce qu'il ne fait pas la promesse expresse de garantir le navire et la cargaison de toute avarie. Mais s'il n'y a pas engagement verbal ou écrit, nous croyons qu'il existe tacitement, car le capitaine a dans tous les cas la responsabilité d'un accident arrivé par sa faute. Si donc on se trouve en présence d'un abordage fautif, il est seul responsable et tenu à raison de sa faute. La situation du capitaine dans cette circonstance est la même dans la plupart des législations étrangères (1).

Un arrêt de la Cour de Rouen a jugé que le capitaine et l'armateur du navire abordeur ne peuvent être déclarés responsables du dommage causé par un abordage si une faute n'est pas établie à leur charge (2). L'abordage fautif est donc le seul puni.

En outre de l'action civile, des condamnations pénales ou disciplinaires punissent les actes de négligence ou d'imprudence.

Le capitaine peut d'abord être frappé d'une peine proprement dite; les articles 319, 440 et 479 § 1er du Code pénal lui sont applicables. Il peut être emprisonné, condamné aux travaux forcés à temps et puni d'une amende qui varie, suivant les cas, entre 50 francs et 600 francs, 200 francs et 5,000 francs. Les actes d'imprudence ou de paresse des capitaines constituant des fautes légères, des infractions

(1) Belgique, loi du 21 août 1879, article 230; Allemagne, loi du 5 février 1869, article 736, Espagne, Code de 1805 article 829.

(2) Rouen, 29 décembre 1880, Dalloz, *Supplément droit maritime*, tome VI, chap. VI, sect. I, art. 2, no 1263.

à l'ordre ou au service des navires, les font tomber sous le coup des articles 52 et 89 du décret-loi du 24 mars 1852 (1).

Ces pénalités sont la retenue de la solde pour une durée de dix à quarante jours, les arrêts simples, les arrêts forcés, la suspension temporaire et la déchéance. Les travaux forcés à temps et même la peine de mort punissent tout acte volontaire d'homicide ou de destruction du navire. Le ministre de la marine peut aussi, en vertu des pouvoirs qui lui sont conférés par l'article 87 du même décret, prononcer contre le capitaine en faute, la suspension ou encore le retrait du droit d'exerçer le commandement (2).

Ces prescriptions ne suffisaient pas cependant pour assurer l'exécution des règlements maritimes et il fallait créer des dispositions légales nouvelles.

Le 10 mars 1891 fut votée une loi relative aux accidents et collisions en mer.

Avant la promulgation de cette loi, l'abordage arrivé par suite de l'inobservation des règlements tombait sous le coup de l'article 471 § 15 du Code pénal et il faisait seulement l'objet d'une contravention de police. Pour qu'une peine fût infligée, il fallait qu'il y eût mort d'homme, et, dans ce cas, les articles 319 et 320 du Code pénal ne punissaient pas le fait d'abordage, mais l'homicide par imprudence.

(1) *Moniteur Universel* du 26 mars 1852 ; *Journal Officiel* de la République.

(2) Voir Projet de loi voté par le Sénat le 18 juillet 1881 ; Dalloz, *Supplément droit maritime*, tome VI, n° 1265.

La loi de 1891 a comblé les lacunes laissées par les règlements antérieurs et a assuré l'observation des mesures prises pour éviter les abordages ; elle sert donc de sanction au règlement de 1884. Certaines pénalités frappent les capitaines, maîtres, patrons et officiers de quart qui se rendent coupables d'infractions aux règles prescrites par les décrets en vigueur sur les feux à allumer la nuit et les signaux à faire en temps de brume.

La loi fait cependant une distinction suivant que l'infraction au règlement est ou non suivie d'un abordage.

S'il n'y a pas abordage, l'amende varie entre dix francs et trois cents francs et l'emprisonnement pourra être de trois jours à un mois ou l'une de ces peines seulement.

S'il y a abordage, l'amende peut être portée à cinq cents francs et l'emprisonnement à trois mois.

Dans le cas où il y a perte ou abandon d'un des navires abordés, ou s'il y a des blessés ou des morts, le coupable est puni d'une amende de cinquante à mille francs et de quinze jours à six mois de prison. Le retrait de la faculté de commander peut être en outre prononcé, mais pour trois ans au plus (art. 1 et 2).

Les gens de l'équipage peuvent aussi être punis lorsqu'il y a défaut de vigilance ou manquement aux obligations du service et que ces fautes sont suivies d'un abordage. Une amende de seize à cent francs et la prison pour une durée de dix jours à quatre mois ou l'une de ces deux peines peut leur être infligée (art. 3).

Nous avons vu que l'article 2 ne prévoyait que le retrait temporaire du commandement, l'article 6 va plus loin et permet le retrait définitif à tout capitaine, maître ou patron qui a perdu par négligence ou impéritie le navire qu'il était chargé de conduire (art. 6).

L'armateur est également responsable, s'il n'a pas pourvu le navire des moyens d'établir et d'entretenir les feux et de faire les signaux de brume règlementaires, l'amende est alors de cent à deux mille francs. Ces peines sont indépendantes de celles qui frappent les capitaines, maîtres ou patrons (art. 8).

Les délits prévus par la loi de 1891 sont de la compétence des tribunaux maritimes commerciaux, institués par le Code disciplinaire de la marine marchande du 21 mars 1852 (art. 10).

Le tribunal, chargé de juger, est réuni dans un des ports de France, chef-lieu d'arrondissement ou de sous-arondissement maritime. Il comprend cinq membres dont un capitaine de vaisseau ou de frégate président, un juge du tribunal de commerce, juge, deux capitaines au long cours juges.

Le capitaine de vaisseau ou de frégate et le lieutenant de vaisseau sont désignés par le Préfet maritime de l'arrondissement. Le juge du Tribunal de commerce et le capitaine au long cours sont choisis par le président du tribunal de Commerce ou à défaut de tribunal sur les lieux par celui du tribunal le plus voisin. Les décisions de ces tribunaux font l'objet d'un recours porté devant l'un des tribunaux de revision créés par le Code de justice militaire de l'armée de mer du 4 juin 1858. La possibilité de ce recours est contenue dans l'article 18 de la présente loi.

Les jugements rendus par les tribunaux français à propos de collisions en mer sont assez rares; ce sont le plus souvent les juges anglais qui ont à se prononcer en la matière. En raison en effet de l'immense étendue des possessions britanniques, un navire abordé est obligé la plupart du temps de se réfugier dans un port anglais parce qu'il est le plus voisin, et les décisions des tribunaux de la Grande-Bretagne sont empreintes souvent de la plus grande partialité. Pour éviter cet arbitraire, on a proposé de soumettre les contestations résultant d'un abordage à un tribunal international composé de juges expérimentés, qui décideraient en toute indépendance. On enlèverait ainsi au Tribunal de Trinity house, siégeant à Londres, la connaissance des questions juridiques se rattachant aux sinistres maritimes. Cette demande de réforme faisait l'objet d'un paragraphe dans les pétitions portées en 1887 à la Tribune française de la Chambre des Députés, par M. de la Ferrónays.

Un projet dans ce sens a été étudié au Congrès de Gênes réuni en 1892. Le mode de juridiction devait comprendre deux degrés. Le tribunal arbitral du lieu de la première relâche jugerait au premier degré et les cours suprêmes maritimes décideraient au second degré. On ne devait pas être obligé cependant de recourir à ce mode de juridiction et on serait libre d'y avoir recours dans le cas où l'abordage se produirait dans un port ou un fleuve entre navires portant le même pavillon. Si l'abordage avait lieu dans les eaux intérieures de l'Etat dont les navires sont la propriété ou même dans la pleine mer, on pouvait choisir encore entre des juges nationaux ou le tribunal international.

Toutefois pour que la justice du pays propre puisse être saisie, il fallait que le procès fût intenté pendant que les bâtiments se trouvaient dans un port de leur nationalité. Dans le cas contraire, ils ne pouvaient se soustraire à la juridiction du tribunal international. Si l'abordage est fautif, la loi du navire en faute doit être appliquée. Si la faute est commune la responsabilité sera réglée *ex æquo et bono* et si l'accident est douteux on jugera d'après la loi la plus favorable (1).

Les membres du congrès ont omis de préciser ce qu'ils ont voulu dire par la loi la plus favorable. On peut se demander s'il faudra appliquer celle de l'abordant ou celle de l'abordé ; on risque donc ainsi de tomber dans le plus complet arbitraire. Les Gouvernements n'ont pas jusqu'ici prêté une attention sérieuse à cette proposition.

La loi du 10 mars 1891 n'a pas seulement créé des sanctions à l'inobservation des règlements sur l'abor-

(1) Voir *Revue de droit international*, 1893, tome XXV, p. 78. La Cour de Cassation a décidé que dans le cas d'abordage en pleine mer entre deux navires de nationalités différentes, le juge doit appliquer la loi du pavillon du navire abordeur. Voir Cassation Chambre civile, 4 novembre 1891. *Gazette du Palais*, 16 nov. 1891.

dage, mais elle a fait une innovation importante contenue dans l'article 4.

Elle a prescrit les secours à donner à un navire qui sombre à la suite d'une collision, elle a en un mot imposé aux capitaines et maîtres d'équipage des navires abordés de prêter assistance à celui qui a le plus souffert du choc.

Dans son rapport sur la loi relative aux accidents et collisions en mer, M. Mir s'exprimait ainsi à la Tribune de la Chambre des Députés : « On a constaté pour les cas d'abordage une lacune regrettable que quelques législateurs seulement ont cherché à combler. Nous voulons parler du cas d'assistance que se doivent les navires après la collision, et de l'obligation de se faire connaître en déclarant les noms du navire et des ports d'attache de départ et de destination. C'est l'objet du projet de loi qui vous est soumis (1) ».

Il y avait déjà longtemps que la nécessité d'une telle loi s'était fait sentir, car sous l'Assemblée nationale, le Gouvernement en avait pris l'initiative à la suite du désastre de la *Ville du Hâvre.*

En raison des périls de la navigation et des avaries de tout genre auxquels les navires sont exposés, il est naturel que l'on ait enfin songé à réglementer les secours à prêter en cas de naufrage ou de collision. Il semble cependant, qu'il n'aurait pas dû être né-

(1) Rapport de M. Mir à la Chambre des Députés le 10 mars 1891 *Revue internationale de Droit maritime*, tome VI, années 1891-92, page 610. — Voir aussi *Journal Officiel* du 12 mars 1891.

cessaire, en principe, de rappeler aux navigateurs les devoirs de charité.

Ces secours rentrent dans les offices d'humanité, ce sont des obligations que la conscience impose. Mais de nombreux exemples ont malheureusement prouvé que sans une sanction pénale, la conscience seule ne suffit pas parfois pour indiquer à l'homme son devoir. Il est arrivé bien souvent en effet qu'après une collision, le navire le moins endommagé se soit éloigné à toute vapeur du lieu du sinistre, sans chercher même à porter le moindre secours à ceux que par sa faute il abandonnait à la fureur des flots (1).

C'est pour éviter autant que possible le retour de semblables actes que la loi de 1891 a imposé l'assistance obligatoire.

Dans le cas d'abordage, le capitaine, maître ou patron, de chacun des navires abordés, est tenu autant qu'il peut le faire sans danger pour son navire, équipage et passagers, d'employer tous les moyens dont il dispose pour sauver l'autre bâtiment, son équipage et ses gens du danger créé par l'abordage.

Une amende de 200 fr. à 3,000 fr., un emprisonnement de un mois à un an et le retrait temporaire ou définitif de la faculté de commander sanctionnent le défaut d'assistance. S'il y a mort d'homme la peine de la prison peut être portée à deux ans (art. 4).

(1) M. Desjardins fait remarquer, qu'un capitaine qui aurait laissé sombrer un navire sans lui porter secours pourrait être condamné comme coupable d'homicide par imprudence. (Conférence Desjardins, nº 1106, t. V. De Valroger, *Droit maritime*, t. V, nº 2103.

Les capitaines des navires abordés peuvent, après la collision, se donner réciproquement, s'ils le peuvent, le nom, port d'attache, de départ et de destination de leurs navires. L'inobservation de ces prescriptions est punie d'une amende de 50 à 500 fr. et de six jours à trois mois de prison (1) (art. 5).

Au nombre des obligations du capitaine se trouve la nécessité d'avoir à bord tous les engins utiles pour permettre le sauvetage. S'il n'en est pas pourvu lorsqu'il prend la mer, s'il ne les entretient pas en bon état, ou ne les remplace pas au besoin, il est puni d'une amende de 50 à 1500 fr. La même pénalité est, dans ce cas, encourue par l'armateur si son navire fait le transport des passagers, mais l'amende est plus forte ; elle varie de 100 à 3,000 fr. (art. 7 et 8).

Nous avons dit que l'assistance était obligatoire, elle ne l'est, toutefois, qu'en principe, car elle est subordonnée à certaines conditions.

Il peut arriver, en effet, que celui des navires qui ne menace pas de sombrer immédiatement, soit ce-

(1) Quelques membres de la Commission chargée d'élaborer le projet de loi de 1891, proposèrent d'y introduire la présomption de responsabilité édictée par l'article 16, de la loi anglaise, du 5 août 1873, contre le capitaine qui s'est éloigné sans s'être fait connaître.

Cette proposition fut repoussée. Il n'était pas conforme, dit-on, aux traditions législatives de la France, d'introduire dans la présente loi, qui est une loi simplement pénale, une disposition d'ordre purement civil que les juridictions créées par cette loi n'auront jamais à appliquer puisque, de par l'article 21, elles ne connaissent pas de l'action civile.

Revue internationale de Droit maritime, 1890-91, p. 616.

pendant assez endommagé pour être obligé de s'éloigner le plus rapidement possible du lieu de l'accident et atteindre le port le plus proche. Il se pourrait dans certains cas, que s'il s'attardait à prêter son aide à l'autre navire et à recueillir l'équipage à son bord, on eût à enregistrer un double naufrage. Aussi, la loi de 1891 stipule-t-elle, que le premier devoir du capitaine est de sauver son équipage et ses passagers. Il n'est tenu de porter secours à l'autre navire en danger, que s'il le peut sans péril pour son propre bâtiment.

Dans ce cas, il est obligé d'employer tous les moyens qu'il a sous la main pour aider au sauvetage et ne peut s'éloigner du lieu du sinistre avant de s'être assuré qu'une plus longue assistance serait inutile (1).

Les tribunaux maritimes commerciaux, créés par la loi du 24 mars 1852, connaissent de ces délits, et leur composition est la même qu'en matière d'abordage.

APPENDICE

LÉGISLATION COMPARÉE

La France avait été devancée par plusieurs Etats en ce qui concerne les dispositions législatives relatives à l'assistance maritime.

(1) L'article 4, *in fine*, est ainsi conçu : « Hors le cas de force majeure, il ne doit pas s'éloigner avant de s'être assuré qu'une plus longue assistance leur est inutile, et si ce bâtiment a sombré avant d'avoir fait tous ses efforts pour recueillir les naufragés. »

Dès 1854, en Angleterre, le *Merchant shipping Act* avait ordonné en cas de sinistre maritime, des enquêtes en vue de déterminer la responsabilité des capitaines et la faute de chaque homme de l'équipage. Cet acte, fait surtout pour la marine marchande, comprenait une série de prescriptions relatives aux naufrages, accidents et sauvetages. Les enquêtes ordonnées par la loi de 1854, ont été réglementées à nouveau par les lois de 1876-1879. L'*Act* de 1862 s'occupe de l'abordage fautif et de ses conséquences. Le devoir d'assistance a été imposé par l'*Act* du 5 août 1873. Il exige la déclaration du nom du navire et du port. Il ordonne qu'en cas de collision, les capitaines se prêtent un secours mutuel. Il est de plus établi, qu'outre les amendes et la prison, tout capitaine de navire anglais qui se sera éloigné du lieu du sinistre sans s'être fait connaître, sera sauf preuves contraires, présumé coupable du sinistre (1).

En 1874, les Etats scandinaves, par une loi additionnelle à celle du 24 mars 1860 sur l'abordage, ont prescrit le devoir d'assistance et la déclaration des noms du navire et du port d'attache.

Le 22 février 1856, la France et la République d'Honduras conclurent un traité de navigation où il est stipulé que les citoyens des deux Etats se prêteront en haute mer ou sur les côtes toute espèce de secours (2).

(1) *Revue internationale de droit maritime*, 1890-91, p. 612.

(2) Bry, *Précis élémentaire de droit international public*, p. 186.

L'article 145 du Code pénal allemand punit d'une amende de 500 thalers les infractions aux règlements établis pour prévenir les abordages. Le devoir d'assistance est prévu par la loi du 15 août 1886. Des commissions maritimes ont été créées par la loi du 17 juillet 1877. Elles sont chargées de procéder aux enquêtes sur les collisions en mer (1).

La prestation de secours entre navigateurs se retrouve encore dans la législation de la marine marchande italienne. Le devoir d'assistance n'est pas restreint ici au cas d'abordage. Toutes les fois qu'un navire est en détresse, celui qui l'aperçoit doit lui porter secours. La loi italienne ne s'occupe pas de l'abordage en particulier, elle ne le vise même pas, mais elle fait de l'assistance une règle générale qui doit en conséquence s'appliquer à l'abordage. Les capitaines ne sont pas astreints après la collision de déclarer le nom du navire, du port d'attache, de départ et de destination. Une large part est laissée à la conscience et aux sentiments d'humanité. L'assistance n'est donc pas obligatoire, elle est ici un devoir, non une charge. Cette question est réglée par les articles 120 et 395 du Code italien de la marine marchande (2).

En Autriche, un arrêté du ministre du commerce du 1er décembre 1880 punit d'une amende de 100 florins tout manquement à l'obligation de prêter assis-

(1) et (2) *Revue internationale de droit maritime*, 1890-91, p. 613.

tance et de faire la déclaration du nom et du port d'attache (1).

De toutes les législations dont nous venons de donner un rapide résumé, aucune, sauf l'Angleterre ne considère comme présomptivement responsable le capitaine qui ne s'est pas fait connaître.

La loi américaine cependant a admis les règles et les présomptions de la Grande-Bretagne. Le Congrès de Washington réuni en 1889 avait émis une résolution qui devait être soumise à l'approbation des Puissances. Il demandait qu'en cas d'abordage entre deux bâtiments, le capitaine ou toute personne ayant charge d'un navire, ait pour devoir, si et autant qu'il n'y aurait pas de danger pour son navire, l'équipage ou les passagers, de se tenir près de l'autre navire jusqu'à ce qu'il soit assuré qu'il n'a plus besoin de ses services. Il doit rendre à l'autre capitaine, à son équipage ou à ses passagers s'il y en a, toute l'assistance possible et nécessaire pour le sauver de tout danger résultant de l'abordage (2).

La loi des Etats-Unis du 4 septembre 1890 n'est que la sanction de cette résolution et la reproduction de la loi anglaise de 1873. L'article 2 punit d'une amende de 1,000 dollars ou d'un emprisonnement de 2 ans au maximum tout capitaine qui n'a pas observé ces prescriptions (3).

Le fond de toutes les lois que nous venons de pas-

(1) *Annuaire de législation étrangère*, tome X, p. 264.

(2) *Revue internationale de droit maritime*, 1891-92, p. 100.

(3) *Revue internationale de droit maritime*, 1890-91, p. £27.

ser en revue est le même. Tous les capitaines, à quelque nation qu'ils appartiennent, sont soumis à des règlements analogues, sauf quelques points particuliers que nous avons remarqués dans la législation italienne par exemple.

Restait une lacune qu'aucune des lois existantes n'avait songé à combler; nous voulons parler de la rémunération à accorder en cas d'assistance.

Cette question a été étudiée dans les Congrès internationaux tenus à Anvers en 1885 et à Bruxelles en 1888 (1). La section maritime prit certaines résolutions qu'elle proposa aux Etats pour servir de base à une législation générale commune. Elle décida que l'assistance prêtée dans les ports, fleuves et autres mers intérieures devait être rémunérée par la loi du pays où elle se produirait. C'était l'application de la loi territoriale.

Si l'assistance était donnée en mer, la rémunération devait être fixée d'après la loi de l'assistant. A ce sujet une discussion s'éleva entre les membres du Congrès. D'après les uns on devait suivre la loi de l'assisté, d'après les autres celle de l'assistant. Ces derniers l'emportèrent. On fit valoir dans ce sens qu'il importait, dans un intérêt humanitaire, d'encourager l'assistance et que celui qui prêterait son aide, sachant par avance le taux de sa récompense, serait plus facilement disposé à venir au secours. Or, le taux de l'indemnité doit être déterminé en pre-

(1) *Journal de droit international privé*, p. 607, année 1885, Article de Lyon-Caen.

nant surtout en considération les circonstances. On tiendra compte du zèle déployé, du temps nécessaire pour assurer le sauvetage, des services rendus au navire, aux personnes et aux choses, et des dépenses faites et des pertes subies par le sauveteur. On devra mentionner le nombre des personnes qui seront intervenues d'une façon active, le danger auquel elles ont été exposées, celui qui menaçait le navire, les passagers ou les choses sauvées, enfin la valeur dernière de celles-ci, déduction faite des frais. Les personnes dont la vie a été sauvée, ne devront pas contribuer à la rémunération spéciale d'assistance.

Le Congrès, prévoyant en outre le cas où un passager offrirait une somme énorme, pour avoir la vie sauve, déclare que tout contrat fait durant le trajet est sujet à rescision. Il établit enfin que celui qui a imposé ses services ou est monté sur le navire sans autorisation du capitaine présent n'a aucun droit à l'indemnité du sauvetage ou d'assistance (1).

Malgré toutes ces règlementations, l'assistance n'était considérée que comme un devoir d'humanité laissé à l'initiative des capitaines. Il faut arriver au Congrès international de droit maritime réuni à Gênes, en 1892, pour voir poser le principe de l'assistance obligatoire des personnes (2). Les articles 8, 9 et 10 sont ainsi conçus :

En tout cas d'abordage, le capitaine de chacun des navires doit autant que possible, porter à l'autre

(1) *Journal de droit international privé*, 1885, p. 626.

(2) *Revue internationale de droit maritime*, 1892-93, p. 180.

navire, à son équipage et à ses passagers tous les secours possibles et utiles pour les sauver des dangers résultant de l'abordage, suivant les règles à établir par traité.

L'assistance aux personnes est obligatoire sous les sanctions à établir de la même manière.

Le sauvetage des choses est facultatif et peut être l'objet de la convention des parties.

En résumé on peut dire que, le traité restant bien entendu la base des relations internationales sur le point qui nous occupe comme sur les autres, un grand progrès a été accompli en ce qui concerne l'abordage. Si les points de détail ne sont pas encore précisés, un principe domine : Tout capitaine *doit* porter secours aux personnes, et ensuite au matériel si la chose est possible. L'avenir complètera sûrement l'œuvre du Congrès de Gênes, en rendant cette obligation plus étroite encore.

TITRE II. - *Du cabotage.*

Un Etat a sur la partie de la mer qui longe ses côtes et qui lui appartient en toute souveraineté, l'exercice exclusif de certains droits parmi lesquels, celui de faire le cabotage. Cabotage vient de « Cabo » cap, et dans la pratique, il sert à désigner le trafic qui se fait entre les ports d'un même Etat dans les limites de la mer territoriale. Les dispositions qui établissent la liberté de la navigation ne s'appliquent pas en général au cabotage, qui est réservé dans chaque pays au pavillon national.

En France, on distingue le petit cabotage qui se fait entre les ports de la même mer, et le grand cabotage qui a lieu entre des ports de mers différentes, de l'Océan à la Méditerranée par exemple.

Avant la loi du 25 décembre 1827, les conditions de capacité exigées pour les capitaines variaient suivant qu'ils devaient servir pour le grand ou le petit cabotage, et la raison d'être de cette distinction reposait sur cette seule différence. Aujourd'hui on a assimilé ces deux modes de navigation et si on les distingue l'un de l'autre, ce n'est plus que dans l'intérêt de la statistique des tableaux de douane (1).

Il est de principe que le cabotage doit être exclusivement réservé aux nationaux. Si les navires étrangers sont admis à ce genre de navigation, ce n'est qu'en vertu d'anciens usages ou traités ou encore à la suite de concessions formelles.

On justifie de deux façons ce droit propre à chaque Etat. On peut d'abord soutenir qu'un gouvernement est libre de règlementer à sa guise le commerce sur son territoire, de le réserver à ses nationaux, et aux moyens des taxes protectrices, de le garantir contre les effets toujours préjudiciables de la concurrence. Or, le cabotage n'est qu'un commerce de transport et il est naturel qu'on le réserve aux nationaux quand il se fait dans des mers différentes baignant toutes le même territoire.

S'il s'agit de cabotage qui a lieu dans une même mer, on justifie cette réserve par le droit de police de

(1) Lyon-Caen et Renault : *Droit commercial*, § 870, p. 605.

l'Etat riverain dans les eaux territoriales. Si l'on autorisait les navires étrangers a faire le commerce sur les côtes et à naviguer d'une façon régulière dans la mer territoriale d'un Etat, sa sécurité et le ravitaillement de ses ports pourraient à un moment donné être compromis. Il ne s'en suit pas cependant que l'on doive interdire complètement le passage dans les eaux territoriales aux navires étrangers, mais il ne faut pas les laisser s'y établir d'une façon en quelque sorte permanente et cela pour plusieurs motifs.

D'abord parce qu'ils pourraient y faire autre chose qu'un commerce licite, or à cause du trafic incessant qui se fait sur les côtes, il est parfois plus difficile d'y surveiller les allées et venues des navires que dans la haute mer. La seconde raison c'est que les nationaux doivent profiter entièrement des entreprises commerciales et industrielles de leur pays qui sont pour eux une source de bénéfice. Un Etat a non seulement le droit, mais le devoir de leur réserver la navigation au cabotage, surtout quand ils sont soumis comme en France à l'inscription maritime.

Au dix-septième siècle pour donner vie et activité au commerce, on ne prohiba pas le cabotage mis en pratique par des navires étrangers, mais on frappa les importations de certaines taxes et Louis XIV imposa d'un droit de 2 fr. 50 centimes par tonneau tout navire étranger qui faisait ce genre de transit.

La loi du 27 vendémiaire an II interdit l'importation en France, de marchandises et produits étrangers par tous navires autres que des bâtiments français ou appartenant au pays d'origine de ces produits. Cette règle reçut une exception dans l'article 3, qui déclarait qu'en temps de paix ou de guerre, les bâtiments français ou étrangers, frêtés pour le compte de la République étaient exceptés de l'acte de navigation. Le 27 floréal an IV on accorda aux bâtiments liguriens le droit de faire des transports et de se rendre par les canaux des ports de Cette et d'Agde jusqu'à Toulouse (1).

Ces règlements spéciaux ne sont plus applicables, ils n'étaient que momentanés.

Presque un siècle plus tard, après la guerre franco-allemande, les viticulteurs du midi de la France virent tous les débouchés fermés pour l'écoulement et le transport de leurs produits. On autorisa alors les armateurs étrangers à faire le cabotage entre les ports français. Ce permis de navigation, qui eut un caractère tout-à-fait temporaire, fut accordé par la loi du 22 juillet 1871 et il dura jusqu'au 31 octobre de la même année. Un privilège analogue, mais dont l'origine remontait à l'année 1761, date de la signature du Pacte de famille, et au traité du 20 juillet 1814, existait au profit des navires espagnols. La convention de commerce et de navigation conclue le 8 décembre 1877 entre la France et l'Espagne décida l'abrogation de ces deux traités.

Une autre exception à la réserve du cabotage en faveur du pavillon national résultait de l'article 12 du

(1) Voir, *Bulletin des lois*.

traité du 13 juin 1862 (1) entre la France et l'Italie. Ces deux Etats avaient le bénéfice du cabotage pour la navigation à vapeur autant dans les îles de Sardaigne et de Sicile que dans les ports Algériens. La Convention devait prendre fin le 20 janvier 1876, mais elle fut prorogée jusqu'au 3 novembre 1881.

Les deux gouvernements s'étaient engagés à étudier de nouveau la question et à ouvrir des négociations à ce sujet avant le 1er janvier 1883, mais lorsqu'on approcha du terme fixé, les choses étant toujours dans le *statu quo*, on remit momentanément en vigueur le traité de 1861.

En 1885, la question fut remise à l'ordre du jour et les agents diplomatiques des deux Etats décidèrent de réserver le cabotage exclusivement au pavillon national. Notre chambre des députés rejeta ce projet. Le principal changement apporté à la Convention de 1862 était la réserve expresse du cabotage à voiles ou à vapeur au profit des nationaux. Le gouvernement français refusa d'adhérer aux propositions de l'Italie parce que notre commerce y perdait un gros frêt annuel. Mais la raison la plus importante qui fit repousser ces offres fut la demande de l'Italie en ce qui concernait la réciprocité de navigation à voile ou à vapeur dans la Méditerranée et sur les côtes de l'Océan, et la tolérance de la pêche du poisson et du corail sur le littoral français et algérien par les bateaux italiens.

Sur le premier point, la France ne pouvait accorder la réciprocité, car elle aurait causé un préjudice con-

(1) De Clercq, *loc. cit.*, t. VIII, p. 418.

sidérable à notre marine à voiles qui ne pouvait lutter contre la concurrence italienne. Le gouvernement italien proposa alors des modifications qu'on n'accepta pas davantage, et on prit même en France des mesures sévères à l'égard de la navigation italienne (1). Le 18 juillet 1886 une dépêche ministérielle décida que le pavillon italien ne serait plus assimilé au pavillon français pour le service du pilotage, et que le brevet de pilote de Marseille ne pourrait plus être accordé aux capitaines italiens.

Quant au droit de pêche, il a été retiré aux italiens le 22 juillet 1886, mais on a laissé à ceux qui avaient des abonnements la faculté de se livrer à cette industrie, et cette licence devait prendre fin à l'expiration du bail qu'ils avaient contracté. La réciprocité a du reste été accordée par l'Italie en faveur des Français.

Suivant l'art. 6, de la Convention franco-italienne du 3 mars 1869 (2) les paquebots postes italiens jouissaient à leur arrivée dans les ports de France de certains privilèges. La réciprocité existait du reste en Italie pour nos navires, mais tout à coup on leur refusa ce bénéfice. Une décision ministérielle du 15 août 1886, usant alors de représaille, retira aux paquebots postes italiens la faveur qui leur avait été accordée. Ainsi, dans le cas où ces navires abordaient régulièrement ou accidentellement dans un port français ils étaient considérés et reçus comme vais-

(1) Autran. *Revue internationale de droit maritime*, 1880.
(2) De Clercq. *Recueil des Traités de France*, tome X.

seaux de guerre et jouissaient des mêmes privilèges. Ils ne payaient pas de droit de tonnage, de navigation et de port, sauf s'ils débarquaient des marchandises. Ils ne pouvaient être sujets à saisie-arrêt, embargo ou arrêt du prince.

Enfin le 6 décembre 1887, M. Félix Faure proposa à la Chambre des députés de frapper les produits d'origine italienne à leur entrée en France, de droits équivalents à ceux qui pesaient en Italie sur les produits similaires français.

La proposition fut ajournée et le 16 décembre la Chambre vota la prorogation pour six mois du traité du 20 avril 1882 (1). Il devait donc y avoir pleine et entière liberté de commerce et de navigation entre les nationaux des deux Etats. Les droits, taxes, impôts, patentes perçus dans les ports ou villes des Etats respectifs ne devaient être autres, ni plus élevés que ceux perçus sur les nationaux. Tous les privilèges, ou immunités accordés aux ressortissants de l'un des deux pays devaient être communs aux autres.

La loi du 27 décembre 1887 a approuvé cette prorogation du traité de 1882 qui conservait son plein et entier effet jusqu'au 1er mars 1888. L'accord n'a pu se faire encore et la lutte s'est engagée entre les deux pays à l'aide de tarifs de douanes.

En dehors de ces exceptions, le monopole de cabotage au profit des nationaux est absolument consacré par les usages. Pour admettre les navires étrangers au cabotage, il faudrait en ce moment une disposi-

(1) De Clercq, *loc. cit.*, tome XIII, p. 167.

tion spéciale insérée dans un traité, car aucune convention ne contient ce privilège. Dans toutes les législations on réserve expressément aux nationaux ce mode de navigation.

Nous mentionnerons à ce sujet quelques traités parmi les plus récents.

L'article 9 de la convention franco-anglaise du 21 février 1882 stipule que le cabotage demeure soumis aux lois respectives des deux pays (1).

La même réserve existe dans le traité du 9 avril 1884 entre la France et l'Autriche-Hongrie (2).

Le traité franco-portugais du 19 décembre 1881 dit dans un article 23 que la navigation de côte ou cabotage n'est pas comprise dans les stipulations du présent traité (3).

Le principe général posé par l'article 4 de l'acte de navigation du 21 septembre 1793 reste inctact; les différentes exceptions qui avaient été introduites, ont disparu, il n'en subsiste qu'une, celle qui résulte de l'article 3 de la loi de Vendémiaire an II. C'est-à-dire qu'en temps de paix ou de guerre les navires étrangers frêtés pour le compte de la République sont admis à faire le cabotage.

Quoique l'Algérie soit considérée comme partie intégrante de la France, on a été amené à lui appliquer un règlement spécial en matière de cabotage.

Aux termes de l'ordonance du 22 février 1837, les

(1) De Clercq, *loc. cit.*, t. XIII, p. 237.
(2) De Clercq. *loc. cit.*, tome XIV, p. 343.
(3) De Clercq, *loc. cit.*, tome XIII, p. 197.

navires étrangers pouvaient faire le cabotage le long des côtes d'Algérie moyennant le paiement de droits de navigation fixés par la loi du 11 novembre 1835. Mais les taxes imposées empêchèrent le cabotage de se développer assez pour fournir à cette colonie tout ce dont elle avait besoin. On dut en arriver à exempter ces navires du paiement des droits, en leur accordant par le décret du 7 septembre 1856 une francisation spéciale. On n'exigea plus des capitaines que des conditions de capacité restreinte, et on permit même dans le cas où le nombre des marins français serait insuffisant, de constituer les équipages avec la moitié ou même plus de matelots étrangers.

D'après la loi du 19 mai 1866, les bâtiments étrangers peuvent être admis au cabotage lorsque l'intérêt politique et la sûreté de la colonie l'exigent. Mais il faut pour cela obtenir l'autorisation du gouverneur. Dans l'exposé des motifs du projet de loi de 1866, on fit ressortir qu'il n'était pas prudent de laisser les navires étrangers parcourir en trop grand nombre et incessamment les eaux territoriales de l'Etat riverain, parce qu'il pourrait en résulter une compromission pour la sécurité des côtes et le ravitaillement des ports à un certain moment.

C'est donc par les intérêts publics et politiques d'un Etat autant que par les intérêts privés et économiques, que l'on peut justifier la réserve du cabotage.

Le décret du 15 avril 1885, régla l'exercice du cabotage en Algérie (1). Le petit cabotage ne peut se

(1) *Journal Officiel* 1885.

faire que jusqu'au détroit de Gibraltar, on lui a assigné pour limites, à l'ouest le Maroc et l'Espogne en y comprenant les Baléares, et à l'est la Tunisie et la Sardaigne, sur ces côtes on fait le grand cabotage. Conformément à l'acte de navigation du 21 septembre 1793, l'article 10 du décret de 1885 n'admet dans la composition des équipages qu'une proportion d'un quart pour les étrangers non naturalisés. Toutefois suivant l'article 6, on peut par exception élever cette proportion à la moitié, lorsque les navires sont commandés par des patrons titulaires de brevets spéciaux à la côte d'Algérie.

Mais toutes ces exceptions au profit des navires étrangers ont été abrogées quatre années plus tard. Un projet fut soumis à la Chambre des députés, le 4 février 1889, dans le but de réserver au pavillon national exclusivement le trafic du cabotage entre la France et l'Algérie. Cette proposition acceptée et votée devint définitive le 2 avril 1889 (1). M. Bry, professeur à la Faculté de droit d'Aix, semble dire que cette loi particulière à l'Algérie constitue une exception au principe général admis de nos jours, d'après lequel aucun Etat n'interdit plus le commerce des étrangers avec ses colonies. Nous croyons pouvoir justifier cette réserve de la France au profit de son pavillon, en disant que l'Algérie n'est plus considérée comme une colonie, mais bien comme le prolongement ou même comme une partie intégrante de la France.

(1) *Journal officiel*, du 3 avril 1889.

Appendice

Législation comparée

En Russie comme en France, le cabotage est réservé aux nationaux. Les sujets russes à bord des navires russes peuvent seuls caboter, et, par ce mot, on n'entend *ici* que le droit de naviguer d'un port russe à une autre port russe situé dans la même mer.

D'autres Etats admettent les étrangers par voie d'autorisation ou de réciprocité, le privilège en faveur du pavillon national restant, sous cette restriction, le même. C'est ainsi qu'en Allemagne, la loi du 22 mai 1881, après avoir réservé la navigation côtière aux navires allemands, frappe d'une amende qui peut atteindre 3,000 marks les patrons étrangers qui transportent des marchandises de port à port sans y être autorisés. Le navire peut, en outre, être saisi avec sa cargaison, sans qu'on soit obligé de tenir compte si celle-ci est ou non la propriété du délinquant. En Espagne, on admet la réciprocité, et l'ordonnance générale de la *Renta de Aduanas* du 15 juillet 1870, art. 58, autorise le transport par les bâtiments étrangers des bagages des voyageurs, des minerais, des bois de construction. En Italie, la loi du 9 avril 1855 autorise l'admission des navires étrangers sous condition de réciprocité complète, mais une seconde loi du 6 décembre de la même année n'accorde cette réciprocité que pour cinq ans. Même situation en Suède; dans ce pays, le pavillon national possède le monopole, mais une ordonnance royale peut admettre les navires étrangers au bénéfice de la navigation. Les navires allemands, belges, anglais, danois et italiens jouissent de cette admission de faveur. En Danemark, les lois du 14 avril 1865 et 1er avril 1868 ont accordé aux navires des nations qui jouissent d'un privilège dans leurs relations commerciales avec ce pays et aux bateaux allemands la faculté de faire le cabotage.

L'Angleterre a posé le principe de la liberté; l'*act* du 23 mars 1854 réserve au gouvernement le droit d'exclure par un « order in council » les navires des pays qui refusent la réciprocité. La Belgique, le Brésil, la Chine et le Japon laissent, au contraire, le cabotage absolument libre (1).

En résumé, quatre tendances, qui peuvent en fait se résumer à trois se manifestent dans les législations étrangères : 1° privilège exclusif en faveur des nationaux; 2° privilège tempéré par la réciprocité; 3° liberté, avec *faculté* d'exclure ceux qui n'accordent pas la réciprocité; 4° liberté absolue.

Titre III. — *Du cérémonial maritime.*

A. Dans la pleine mer.

Le droit de naviguer librement exclut de la part

(1) Sur ces diverses législations, V. Perels, *Droit maritime international*, traduction Arendt, p. 47, note .

des Etats, toute obligation en pleine mer à un cérémonial maritime qui pourrait impliquer une soumission ou une dépendance. Le salut échangé entre navires de nationalités différentes est une simple marque de courtoisie qui a sa base dans l'égalité des Etats et le respect mutuel qu'ils se doivent. Chacun a le droit de régler les formes de politesse dues par ces navires entre eux ou envers ceux des autres nations, soit en pleine mer, soit dans les limites maritimes de son territoire. Il appartient aussi à chaque gouvernement en ce qui concerne la mer territoriale, de déterminer le cérémonial à observer vis-à-vis des navires étrangers, par les forteresses et les bâtiments de guerre.

C'est par des ordonnances et des traités que ces questions doivent être réglementées; mais, en principe, en pleine mer, aucun salut ne peut être exigé (1).

Cette règle n'a pas été toujours admise, car autrefois certains Etats contraignaient les navires étrangers à saluer, pour montrer qu'ils reconaissaient par là formellement à leur profit le droit à la souveraineté et à l'empire des mers. L'omission de ce cérémonial a quelquefois occasionné des actes de violence et même des guerres (2).

C'est surtout dans le cours du dix-septième siècle que cette question a soulevé de vives difficultés, et le

(1) Wheaton. *Eléments de droit international*, 2e partie, t. I, p 156.

(2) Klüber. *Droit des gens moderne*, p. 167.

point le plus litigieux était celui du salut des navires de guerre entre eux (1). A cette époque, on ne considérait pas les saluts sur mer comme un simple acte de courtoisie et de déférence, mais plutôt comme une marque d'infériorité de la part de ceux qui s'y soumettaient. C'était suivant une expression d'Ortolan « un acte de soumission et de respect qui compromettait la dignité des nations (2). » C'était l'humiliation des faibles devant la supériorité relative, mais non absolue des forts. L'échange d'un certain nombre de coups de canon était la forme du salut lorsque les navires en présence appartenaient à des nations d'un rang égal. Si l'une d'elles était plus faible ou si la parité était contestée, outre les coups de canon, on amenait ou hissait le pavillon, on ferlait les voiles hautes ou on prenait le dessous du vent. C'était là un salut spécial qui dénotait la plus grande soumission de la part de ceux qui consentaient à le donner. Dans ce cas, la réciprocité n'existait pas du côté le plus fort.

L'Angleterre a été la nation la plus fière et la plus exigeante pour le cérémonial maritime, et de tout temps, elle a revendiqué la souveraineté des mers.

Au seizième siècle, en effet, lorsque Jacques Ier décida que les bâtiments de guerre des autres Etats devraient le salut à ses navires en amenant leurs voiles hautes et leur pavillon, mais que ce salut ne serait pas rendu par les navires anglais, ces prétentions humi-

(1) et (2) Ortolan, *loc. cit.*, p. 350 et s.

liantes soulevèrent d'énergiques protestations, et si les navires étrangers abaissèrent leur pavillon, ce fut le plus souvent par contrainte.

L'Espagne opposa la première une ferme résistance à cette prétendue supériorité de l'Angleterre. Une ordonnance de Philippe II interdit aux navires espagnols d'abaisser le pavillon royal devant les navires de guerre étrangers ou les châteaux-forts, et leur ordonna de se défendre et de se perdre plutôt que de se laisser contraindre (1). La France suivit l'exemple de l'Espagne et, en 1634, Louis XIII décida que le salut serait dû par les navires anglais les premiers toutes les fois qu'ils rencontreraient des bâtiments français en un endroit de la mer plus rapproché des côtes de France que d'Angleterre. Dans le cas contraire, les Français devaient saluer les premiers.

Ortolan rapporte une circonstance dans laquelle le pavillon français fut amené devant celui d'un vaisseau de guerre anglais. C'était en 1603, M. de Rosny, plus tard duc de Sully, se rendait en Angleterre en qualité d'ambassadeur extraordinaire d'Henri IV roi de France. Il allait féliciter Jacques Ier à l'occasion de son avènement au trône. Le bâtiment sur lequel se trouvait l'ambassadeur de France était commandé

(1) « Et si on veut les contraindre se pourront excuser et finale à toute extrémité se doivent défendre et se perdre plutôt. » Cleirac, *Us et coutumes*, page 513 rapporté par Ortolan, *Diplomatie de la mer*, p. 352. — Voir aussi : Cussy, *Phases et causes célèbres*, page 150.

par un vice-amiral et portait pavillon au grand mât. Dès qu'il fut aperçu des côtes d'Angleterre, deux flottes anglaises vinrent au-devant du marquis de Rosny; c'était en apparence, par distinction et pour lui faire escorte, mais les commandants de ces deux bâtiments exigèrent avant de consentir à ce que l'ambassadeur continuât sa route, que le vice-amiral français abaissât son pavillon « afin de rendre, dirent les officiers anglais, au pavillon de leur maître, l'honneur qui était dû au souverain des mers (1). » Le vice-amiral français dut saluer; l'affaire n'eut pas d'autre suite.

Quelques années plus tard, en 1662, Charles X roi d'Angleterre, donna l'ordre à ses amiraux d'exiger de toutes les flottes qu'ils rencontreraient, sans excepter celles de France, que le pavillon fût abaissé. Mais Charles X se trouva alors en face du roi de France aussi fier et aussi volontaire que lui. Louis XIV froissé chargea aussitôt le comte d'Estrades, ambassadeur à Londres d'aller demander des explications au roi Charles. Dans sa lettre au roi de France rapportant la conversation qu'il avait eue avec le roi d'Angleterre, notre ambassadeur écrivait : « Il me rappela et me dit qu'il n'y avait rien au monde qu'il ne fît et ne hasardât pour conserver ce droit, se trouvant engagé par honneur de le maintenir dans toutes les mers ». Louis XIV répondit au comte d'Estrades : « Ce que j'ai remarqué dans toute la teneur de votre dépêche, c'est que le roi mon frère,

(1) De Cussy, *Phases et causes célèbres*, chap. XXIX, p. 293.

ou ceux dont il prend conseil, ne me connaissent pas encore bien, quand ils prennent avec moi des voies de hauteur et d'une certaine fermeté qui sent la menace..... je désire que, pour toute réponse à une déclaration si hautaine, ils sachent par votre bouche que je ne demande ni ne cherche accommodement en l'affaire du pavillon, parce que je saurai bien soutenir mon droit quoiqu'il en puisse arriver (1). »

Devant cette réponse énergique, les prétentions anglaises se relâchèrent quelque peu. Les amiraux reçurent l'ordre d'éviter autant que possible les flottes françaises. Dans le cas où ils ne pourraient empêcher la rencontre, les pavillons devaient se saluer en même temps, ou s'abstenir de tout salut, à leur gré. Les vaisseaux, soit anglais, soit français, n'étaient pas obligés, s'ils se croisaient ou faisaient la même route, de changer d'amures pour laisser la place à l'autre.

Le roi de France donna des ordres analogues dans le Règlement sur les saluts du 9 mai 1665, article 4. Après avoir décidé que ses vaisseaux salueraient les places maritimes et les forteresses, comme le faisaient ceux des autres nations, Sa Majesté déclare : « qu'elle ne détermine rien, quant à présent sur ce sujet à l'égard des Anglais, se réservant de donner ci-après aux commandants de ses armées navales des ordres particuliers pour ce qui les concerne tant à l'entrée des ports qu'aux rencontres de la mer, les-

(1) Lettres et négociation du comte d'Estrades. Voir Ortolan, *Diplomatie de la mer*, t. II, p. 356.

quelles, cependant ses vaisseaux et ses galères éviteront autant qu'il leur sera possible (1) ».

Les commandants de navires des deux Etats devaient donc faire tout ce qu'ils pouvaient pour s'éviter. Nous trouvons dans l'histoire de nombreux exemples de rencontres fortuites où la question du salut se posait de nouveau. On poussait les choses si loin que, même en pleine paix, le refus de rendre ou de faire le salut donnait lieu à des hostilités. En 1669, de Croissy, ambassadeur en Angleterre, demandait à Colbert de lui donner des renseignements sur une affaire qui pouvait être portée devant lui. Il s'agissait d'un capitaine anglais, commandant du vaisseau de guerre *la Perle*, qui avait rencontré en mer un navire du roi de France. L'équipage du bâtiment anglais racontait que le capitaine français l'avait sommé de saluer, le traitant en même temps d'« englisch dog (chien d'anglais) », et l'avait canonné et poursuivi pendant une heure à la suite du refus d'obtempérer à cet ordre (2).

Ces prétentions de l'Angleterre trouvèrent un moment un écho en Espagne. C'est ainsi qu'en 1688, Trouville engagea contre le vice-amiral espagnol Papachin un combat près d'Alicante, parce que celui-ci avait refusé le salut aux navires français. La lutte fut longue et le combat meurtrier des deux côtés ; enfin, le navire espagnol fut désemparé. Devant la menace d'un second abordage, Papachin salua mais il

(1) et (2) Ortolan, *loc. cit.* Appendice, annexe I, p. 443 et s.

déclara « que ce n'était que la force qui l'y contraignait (1) ».

Quelques temps après, Louis XIV publia l'Ordonnance de 1689. Il exigeait que toutes les puissances, y compris l'Angleterre, saluassent les premières les navires français. Il défendait à ses officiers de saluer les vaisseaux des autres rois dont le pavillon représenterait un rang égal de commandement, et leur ordonnait, en pareil cas, d'exiger le salut de la part des navires étrangers « en quelques mers et côtes que se fasse la rencontre (2) ». La force devait même être employée, contre ceux qui feraient des difficultés pour se soumettre à ce cérémonial.

Cette prétendue violation du droit de souveraineté de la couronne d'Angleterre sur les mers dites britanniques, fut une des causes de la guerre entre la France et la Grande-Bretagne qui se termina par la paix de Ryswick.

L'Angleterre avait voulu imposer sa loi à tous les Etats maritimes de l'Europe; la France avait enfin recouvré son indépendance après s'être un moment soumise; restait un autre royaume, la Hollande, qui avait sssayé, mais en vain, de secouer le joug britannique. Le développement commercial de ce pays, poussé rapidement dans la voie du progrès, sa puissance navale, composée de nombreux navires de commerce et de guerre, excitaient l'inquiétude et la

(1) Rapport de Tourville à de Seignelay Colbert; voir Ortolan, *Diplomatie de la mer*, appendice, p. 451.

(2) De Cussy, *loc. cit.*, p. 149.

jalousie du gouvernement anglais. Celui-ci n'eut qu'un but, entraver le commerce de la Hollande et il décréta un acte de navigation par lequel le pavillon Hollandais devait s'abaisser devant celui de l'Angleterre comme preuve de déférence et d'infériorité. La Hollande résista, et une de ses flottes qui avait refusé le salut à une escadre anglaise, fut battue par l'amiral Blake, en 1652.

Le Parlement anglais profita de cet acte d'hostilité pour déclarer la guerre à la Hollande. Cromwell lui imposa le traité de 1654, où il est dit « que les navires des Provinces-Unies, tant de guerre que corsaires ou autres, rencontrant quelques navires de guerre anglais dans les mers britanniques amèneraient leur pavillon et leurs voiles hautes (1) ». Les traités de 1662 et 1667 reproduisirent la même clause, qui ne tarda pas à amener une nouvelle rupture.

Le roi Charles II d'Angleterre en trouva l'occasion dans un fait qu'il suscita lui même. Au mois d'août 1670, une escadre hollandaise se trouvait près des côtes de la Belgique, Charles envoya vers elle un de ses yachts pour l'obliger au salut. L'amiral hollandais refusa cette marque de déférence et la guerre fut déclarée. Les Etats généraux cherchèrent à justifier cet acte de refus en invoquant les traités et ils arguaient de ce fait, qu'il ne s'agissait pas d'escadres, mais de vaisseaux séparés. L'Angleterre n'accepta pas ces excuses et le traité de paix de 1674 sti-

(1) Dumont. *Corps universel diplomatique*, t. VI, rapporté par Ortolan, *loc. cit.*, ch. XV, liv. 2, p. 360 et suiv.

pula que tous les navires de guerre des Etats généraux, seuls ou en groupe, devaient le salut au pavillon anglais dans les mers britanniques, qui avaient pour limite le cap Finistère, en Espagne, et le cap Statten, en Norwège (1).

Les Etats généraux acceptèrent de se plier à ces exigences qui, si elles blessaient leur amour propre national, n'occasionnaient pas en somme de préjudice au développement de leur commerce. Ils firent cependant entendre quelques réclamations au roi de France qui avait aussi imposé que le salut serait dû à ses navires. Louis XIV fit en 1689, droit à leur demande en prescrivant, que désormais, on ne forcerait plus les navires de guerre hollandais à saluer de leur pavillon. A partir de ce moment, l'importance que l'on attachait au salut parut s'affaiblir, et au dix-huitième siècle, la pratique internationale sembla devenir plus raisonnable. A cette époque, la question des saluts subit des modifications. On comprit qu'il était nécessaire de laisser aux Etats une entière indépendance, et on songea à supprimer toutes ces exigences qui en réalité ne donnaient aucun résultat pratique. On voulut alors que chaque Etat, grand ou petit, fût considéré comme une personnalité avec des droits égaux et susceptible par cela même de recevoir les mêmes honneurs.

Cette façon d'agir, plus conforme à la dignité des nations, impliquait en elle-même la reconnaissance

(1) Dumont. *Corps universel diplomatique*, t. VI, rapporté par Ortolan., *loc. cit.*, ch. XV, liv. 2, p. 360 et suiv.

d'une indépendance qui ne pouvait tarder d'être admise. Dès ce moment, on abandonna presque entièrement le salut du pavillon pour les navires de guerre, et on se borna à celui fait au moyen du canon et de la voix.

L'initiative de ces modifications revient à la Russie qui, dans un traité conclu avec la Suède, en 1721, établit des règles nouvelles. Le traité de Nystadt décida, que désormais, les bâtiments de guerre se salueraient sur un pied d'égalité et qu'ils devraient les premiers le salut aux forteresses et aux places maritimes (1). Cette décision ne fut pas suivie cependant par tous les Etats ; les monarchies n'acceptèrent que difficilement d'être mises sur le même pied d'égalité que les républiques et elles voulurent que leurs navires rentrant dans les rades ou les ports des Etats républicains fussent salués les premiers, des canons de ces places. Mais ces dernières prétentions tombèrent bientôt en désuétude et on abandonna d'une façon générale, le salut humiliant du pavillon. L'Angleterre seule résista quelque temps encore, et maintint contre la Hollande, par le traité de 1784, les dispositions arrêtées en 1674 (2), ce ne fut toutefois qu'une exception. Il ne restait plus en effet, qu'une étape à franchir pour arriver à la suppression complète des saluts, et c'est ce qui fut fait par le traité du 11 janvier 1787 conclu entre la France et la Rus-

(1) Calvo. *Le droit international théorique et pratique*, t. I, p. 370, § 235.

(2) Calvo., *loc. cit.*, t. I, p, 316.

sie. L'article 20 de ce traité décida que pour éviter toutes les difficultés auxquelles donnaient lieu les différents pavillons et les différents grades des officiers, en ce qui concernait les saluts en mer ou à l'entrée des ports, les vaisseaux des deux Etats ne seraient plus tenus désormais à ces obligations.

Quelques années plus tard, en 1801 et 1809, la Russie et la Suède convinrent que les vaisseaux de guerre des deux hautes parties contractantes se salueraient sur le pied d'une parfaite égalité. Le salut devait suivre le rang des officiers commandants, de telle sorte que celui d'un grade supérieur recevrait le premier le salut qui serait rendu coup pour coup (1).

La question du salut fut plus difficile à trancher pour le Danemark, par suite de la suprématie qu'il revendiquait sur le Sund et les deux Belts. Les honneurs militaires à rendre ont été réglés par divers traités. La convention du 15 janvier 1829, signée entre le Danemark et la Russie, abolit le salut à faire par les vaisseaux de guerre des deux puissances. Les voiles des navires marchands Russes n'avaient plus à s'abaisser devant les citadelles de Cronembourg, Nybourg et Fridericia. Cette convention devait rester en vigueur, jusqu'à ce que selon le protocole du Congrès d'Aix-la-Chapelle du 9/21 novembre 1818, un règlement aurait pu être arrêté entre tous les Etats maritimes au sujet des saluts sur la mer (2).

En France, les règlements les plus récents sur le

(1) Cussy. *Phases et causes célèbres*, p. 151.

(2) Wheaton. *Eléments de droit international*, p. 156 et suiv.

cérémonial maritime datent de l'Ordonnance de 1831. Elle ne fait que renouveler les prescriptions du décret de la Convention nationale du 19 nivôse an II, qui ordonne que les commandants de vaisseaux et bâtiments de la République rendront le salut coup pour coup à tout bâtiment de guerre des puissances étrangères.

Un décret impérial du 20 mai 1868 a prescrit les règles à suivre par la marine militaire française dans ses rapports avec celle des autres nations. Les commandants des bâtiments de l'Etat peuvent saluer en pleine mer les pavillons étrangers, mais en se conformant aux usages consacrés dans la flotte qu'ils rencontrent, et après s'être assurés que le salut leur sera rendu. Si des agents supérieurs étrangers se rendent à leur bord, ils peuvent les saluer. Les navires français doivent faire le salut à la terre, dès qu'ils arrivent dans un port d'une autre nation, mais à la condition qu'il leur sera répondu. Lorsque des bâtiments de guerre entrent dans une rade ils saluent ceux qui s'y trouvent. Dans le cas, où un bâtiment de guerre étranger salue un navire français, celui-ci doit rendre par le même nombre de coups, sans tenir compte de la différence de grade des commandants. On doit répondre par deux coups de canon au moins le salut fait par un navire marchand. Enfin, les saluts personnels ne sont pas obligatoires sauf à observer à leur égard les usages et précédents des pays où se trouve le navire (1). *D'a-*

(1) Voir Calvo, *loc. cit.*, t. I, p. 376.

près ces règles, nous voyons qu'en pleine mer les vaisseaux de toutes les nations sont entre eux dans l'état le plus complet d'indépendance et d'égalité.

Les navires marchands doivent les premiers le salut aux vaisseaux de guerre et cette obligation se conçoit aisément, c'est un hommage rendu à la nation directement représentée par son armée navale; cette marque de déférence est exprimée par le canon, les voiles et le pavillon. Qnant aux vaisseaux de guerre entre eux, il a été établi une sorte de protocole, pour les formes de politesse à échanger. L'officier le moins élevé en grade ou le navire isolé qui rencontre une escadre doit le premier salut. Les vaisseaux d'un rang égal, ou ne se saluent pas, ou bien le navire qui se trouve sous le vent est tenu de saluer le premier. Le bâtiment d'un rang inférieur salue celui d'un rang supérieur. Si un pavillon spécial flotte sur un navire et indique la présence à bord d'un souverain ou d'un ambassadeur il a droit au premier salut. Dans tous ces cas, le salut est rendu par des coups de canon, parce que suivant l'expression d'Ortolan, « le salut du canon principalement est une sorte d'éloquence guerrière, imposante et majestueuse (1). »

Le salut n'est donc plus la reconnaissance d'un droit de suprématie d'un Etat sur un autre, mais un échange public d'actes de courtoisie. Comme exemple de ce caractère qu'il revêt aujourd'hui, nous citerons ce fait tout récent. Au moment où un croi-

(1) Voir Ortolan, *loc. cit.*, p. 369.

seur américain venant de Manille quittait Gibraltar, il rencontra le cuirassé espagnol *Carlos* venant d'Algésiras. Le premier de ces navires arbora le pavillon espagnol et le *Carlos* hissa en réponse le drapeau américain. Ce fait se passait vers le 15 mars 1899, quelques mois à peine après la guerre hispano-américaine. C'était paraît-il le premier salut maritime rendu entre ces deux Etats depuis la clôture des hostilités (1). Cette marque de politesse du vainqueur au vaincu, presque au lendemain de la défaite, est une preuve évidente que le salut n'implique plus de nos jours une humilation ou un état d'infériorité de la part de celui qui le donne.

B. Dans les eaux territoriales.

Dans les eaux territoriales la situation est différente qu'en pleine mer. Un Etat est le maître absolu dans les limites de sa mer territoriale, aussi peut-il obliger les navires étrangers à observer un certain cérémonial. Il a le droit d'exiger le salut à l'égard de ses vaisseaux et de ses forteresses. On est d'accord depuis très longtemps pour admettre que les navires de guerre étrangers qui passent devant un fort doivent saluer du canon et du pavillon. Ces marques de courtoisie ont toujours été admises, même lorsque certains Etats prétendaient avoir droit pour leurs navires à la priorité du salut en pleine

(1) Voir *Le Télégramme, La Dépêche* (journaux de Toulouse), du 20 mars 1899.

mer. Nous avons vu en effet Louis XIV, qui, tout en donnant l'ordre à ses navires de rendre seulement le salut, stipulait cependant qu'ils devaient saluer les premiers les places maritimes et principales forteresses des rois. Le salut devait être rendu coup pour coup (1).

Quelques années auparavant, une ordonance des Etats Généraux des Provinces Unies avait prescrit de saluer les côtes des autres nations, sans avoir à se préoccuper si ce salut serait rendu ou non, parce que disaient-ils, « chaque souverain l'est pleinement dans l'étendue de sa domination et que dans cette même étendue, chaque étranger est sujet (2). »

Au dix-neuvième siècle, nous retrouvons la même règle. Le 9 frimaire an X, le ministre de la marine française écrivait aux préfets maritimes, que suivant la volonté du premier consul, les commandants de tous les bâtiments de la République devaient saluer sans difficulté les forts et places des puissances amies, indistinctement, dans les rades desquelles ils aborderaient. Il désirait aussi que toutes les convenances dont la réciprocité serait assurée soient observées envers elles (3). Une disposition analogue se retrouve dans le décret du 15 août 1851. Les bâtiments de l'Etat, arrivant au mouillage en pays étrangers, pouvaient saluer la place à la condition toutefois que ce salut leur serait rendu.

(1) Cussy, *loc. cit.*, liv. II, ch. XXIX, § 2, p. 295.
(2) Voir Cussy, *loc. cit.*, liv. Ier, t. II, p. 93 et 94.
(3) Ortolan, *loc. cit.*, p. 367.

Ces règlements se trouvaient déjà dans plusieurs législations étrangères. C'est ainsi qu'en 1721 un traité conclu entre la Russie et la Suède convenait que les vaisseaux devaient saluer les premiers les forteresses et les places maritimes. Les traités de 1801 et 1809 décidaient que devant les châteaux et forteresses, et à l'entrée des ports, l'arrivant ou le partant faisait le premier le salut qui devait lui être rendu (1).

On peut se demander si le salut aux forteresses est obligatoire et si en cas de refus le navire qui passe peut être sommé de le faire. Nous croyons qu'il y a dans ce fait une obligation. Le salut dans les eaux territoriales n'est pas une simple mesure de courtoisie, mais un hommage rendu à la nation, cet honneur lui est donc dû. Nous pensons même que si un navire s'obstinait à ne pas saluer les places ou forteresses maritimes, le commandant de ces forts userait d'un droit légitime en faisant tirer tout d'abord un ou plusieurs coups de canon comme première sommation. Si le silence se prolongeait, il pourrait faire diriger le feu à boulet sur ce navire. C'est ce que prescrivit du reste un ordre royal du 25 novembre 1858 envoyé au gouverneur de Tarifa en Espagne (2). Il en est de même dans l'article 9 du règlement Autrichien, du 20 mai 1866. Si un navire de guerre étranger, arrivé à portée des canons des fortifications du port ne hisse pas son pavillon, l'ouvrage le plus rapproché doit tirer comme avertis-

(1) Cussy, *loc. cit.*, t. I, p. 151.
(2) Calvo, *loc. cit.*, t. I, p. 372, § 255.

sement un coup à blanc, et deux minutes après un coup à boulet devant la proue du navire. Si après trois minutes, on n'y répond pas, il faut tirer à boulet sur le navire lui-même.

Il y a encore des cas particuliers où il faut observer les formes d'un certain cérémonial maritime. Il est, en effet des circonstances, où le salut d'un navire à un autre navire est personnel ; ainsi, lorsqu'un officier salue un autre officier d'un grade supérieur au sien, le contre-salut est alors fait d'un nombre moindre de coups suivant la différence des grades ; à grade égal, il est rendu coup pour coup ; à grade inférieur, deux coups de moins. Mais cette façon de saluer doit être évitée afin de ne pas blesser les susceptibilités. Il est difficile en effet, d'apprécier si le salut est fait de nation à nation ou d'officier à officier. Pour prévenir toute difficulté, il est préférable de répondre coup pour coup au salut qui a été fait.

Tout navire qui veut entrer dans un port ou une rade doit donc le premier saluer la terre. Il en est autrement lorsqu'un chef d'Etat, des princes ou des agents diplomatiques se trouvent à son bord. Il est dû dans ce cas, des marques de déférence personnelle que les forts et batteries de la côte reconnaissent en faisant le premier salut. S'il s'agit d'un souverain ou chef d'Etat, le salut qui lui est fait est extraordinaire et il n'est pas répondu au contre-salut. Mais un moment après que le fort a salué, le navire salue lui-même la place qui répond à nouveau. En outre, au moment où le souverain quitte le pont du navire, celui-ci tire un certain nombre de coups de canon, déterminé par le règlement de chaque pays.

Pendant qu'un navire est au mouillage dans un port étranger, sa présence peut coïncider avec la célébration de fêtes publiques ou deuils nationaux. Dans ce cas, il doit y prendre part, et s'associer de même aux solennités que font dans certaines circonstances particulières les navires d'une tierce puissance amie ou alliée, ancrés à côté d'eux (1).

Mais, dans ces cérémonies, on doit s'efforcer d'éviter toute manifestation qui pourrait froisser en quoi que ce soit l'amour-propre des gouvernements étrangers. Si des fêtes sont données à l'occasion d'un évènement pénible pour la nation à laquelle appartient le navire, son commandant ne doit pas s'y associer s'il reste dans le port, ou bien il est convenable qu'il s'éloigne du lieu des réjouissances. Ce fait se produira, par exemple, lorsque les fêtes célébrées rappelleront une victoire remportée sur une nation en paix avec la leur ou à plus forte raison une victoire sur leur propre nation.

En général, les navires étrangers mouillés dans un port reçoivent un avis officiel de la fête qui doit être célébrée. Ils doivent pavoiser et tirer des feux de salve, si leur participation à la cérémonie n'a rien de blessant pour leur gouvernement.

Enfin, les commandants de bâtiments de guerre qui arrivent sur une rade étrangère, doivent faire des visites aux officiers des navires qui y sont déjà mouil-

(1) Cussy, *loc. cit.*, t. I, p. 155.

lés. Les mêmes marques de déférence sont dues aux autorités locales. Les prescriptions à observer résultent de l'ordonnance du 1er juillet 1831, article 3. Les bâtiments de guerre arrivant sur une rade étrangère se conforment quant aux visites aux usages reçus dans le pays où ils se trouvent (1).

Nous dirons un mot pour terminer de certaines propositions faites par le Foreing-Office anglais. Il serait question d'établir un code international de saluts ; on voudrait diminuer le nombre de coups de canon et rendre les saluts moins fréquents. L'accord des diverses puissances maritimes s'est fait sur certains points qui devaient entrer dans la pratique le 1er juillet 1877.

On décida que seuls seraient rendus, coup pour coup, les saluts adressés au pavillon national, lorsqu'un navire arrive dans un port étranger, ou ceux dus aux officiers ayant le droit d'arborer un pavillon lorsqu'on les rencontrerait en mer ou dans un port.

Le contre-salut aux rois et chefs d'Etat à leur arrivée ou à leur départ sera supprimé. Il en sera de même s'ils vont visiter les navires anglais. A plus forte raison le salut est-il aboli pour les ambassadeurs, gouverneurs ou fonctionnaires. Les salves tirées à l'occasion d'anniversaires nationaux ou de fêtes publiques ne recevront pas de réponse des navires de la rade ou des forts de la côte (2).

(1) Ortolan, *loc. cit.*, p. 375, note liv. 2, ch. XV.

(2) Calvo, *Traité de droit international théorique et pratique*, p. 380, t. Ier.

Telles sont les diverses règles concernant le cérémonial maritime.

Le salut n'est donc plus un signe de faiblesse ou d'humiliation, mais un hommage rendu à l'indépendance et à l'égalité des Etats. Il n'est qu'une marque de politesse à observer, surtout dans les rencontres entre navires de puissances armées. C'est enfin, selon l'expression d'Ortolan, un échange de bons procédés, qui dans ces mille et mille cas d'applications, demande du tact, du discernement et souvent un sentiment élevé des convenances (1).

SECTION II

DE LA PÊCHE — GÉNÉRALITÉS

Le droit de pêche est un droit naturel qui résulte de la liberté des mers. De même que la navigation est ouverte à tous les peuples sur toutes les parties de la pleine mer, de même tous les Etats et tous les individus y jouissent du droit de pêche.

« Toutes les nations, dit Rayneval, peuvent, sans se nuire, participer à la navigation et à la pêche, par conséquent, il n'existe pour aucune d'elles, ni motif, ni même prétexte à un droit exclusif. En conséquence de la liberté des mers et aussi loin qu'elle

(1) Ortolan, *loc. cit.*, p. 378.

s'étend, le droit de naviguer et de pêcher est illimité (1). »

Sur les côtes, au contraire, l'usage de la pêche est exclusivement réservé aux nationaux, tant qu'on ne dépasse pas la zone de la mer territoriale.

Nous trouvons au dix-septième siècle quelques prétentions excessives au sujet du droit de pêche. Certains Etats, comme le Danemark, déclaraient que leurs nationaux pouvaient pêcher dans une étendue de mer beaucoup plus grande que la mer territoriale.

Si cette théorie avait été admise, les Danois auraient eu un droit exclusif de pêche dans les mers d'Islande et de Groëland ; mais les autres Etats ne reconnurent jamais ce privilège auquel on prétendait donner pour base une possession ancienne reconnue par les traités. Or, ces traités ou l'usage même immémorial, ne permettent pas d'acquérir la propriété de la pleine mer et n'autorisent pas davantage l'extension de la mer territoriale au-delà de sa limite. Si la liberté qu'ont toutes les nations et les particuliers de pêcher en pleine mer était respectée, on n'aurait pas besoin d'avoir recours à des conventions diplomatiques, mais, comme des vexations sont possibles à tout instant, les puissances ont été amenées à conclure des accords pour garantir la sécurité de leurs nationaux et règlementer les rapports entre pêcheurs de nationalités différentes. Les prescriptions qui ont pour but d'assurer la police de la

(1) De Rayneval. *Loc. cit.*, t. I, ch. X, p. 12.

pêche en pleine mer, ne sauraient être considérées d'ailleurs, comme une entrave au droit de pêche lui-même, elles ont au contraire pour but, de permettre aux pêcheurs le libre exercice de leur profession.

Nous laisserons de côté ce qui concerne la pêche dans la mer territoriale, chaque Etat est libre de la réglementer. Nous ne nous occuperons que de la pêche en pleine mer qui ressortit du droit international.

Dans ces derniers temps, de nombreux conflits s'étaient élevés entre les pêcheurs de diverses nationalités qui venaient tous les ans jeter leurs filets dans la mer du Nord. Une entente était nécessaire entre les gouvernements intéressés pour délimiter les droits de chacun. Une conférence internationale fut réunie à la Haye. Plusieurs Etats, parmi lesquels la France, l'Allemagne, la Belgique, le Danemark, l'Angleterre et les Pays-Bas y envoyèrent des délégués. Ceux-ci signèrent à la Haye, le 6 mai 1882, une convention qui réglait la police de la pêche dans la mer du Nord, en dehors des eaux territoriales.

Ce règlement était inspiré par plusieurs motifs.

Les pêcheurs qui venaient chaque année dans la mer du Nord, se livraient les uns contre les autres à des déprédations qui faisaient l'objet de plaintes réitérées. Il arrivait aussi que les filets dérivants étaient traversés par des chalutiers qui les coupaient à l'aide du diable (1). Ces filets étaient détériorés,

(1) Diable et Chalut : instruments de pêche. Le chalut est un filet que l'on traîne, on l'oppose ainsi au filet dérivant.

parfois même volés et la restitution au propriétaire était très difficile à obtenir et fort coûteuse. Ce fut à la suite d'une enquête ordonnée par le gouvernement britannique, que l'on reconnut la nécessité de faire un règlement spécial. L'attention des Etats fut aussi attirée par les abus qu'engendrait le trafic des spiritueux fait dans la haute mer par des cabarets flottants. Le traité franco-anglais, du 11 novembre 1867, servit de base aux travaux de la conférence. Ce traité avait pour but de réprimer les délits commis par les pêcheurs de la Manche, mais il ne fut jamais mis en vigueur.

La convention de 1882 est un des règlements internationaux les plus importants en matière de pêche, et nous croyons, à cause de l'intérêt qu'il présente, devoir en faire l'analyse (1).

Les dispositions de cette convention sont applicables aux nationaux des parties contractantes. C'est donc un règlement presque général, puisque la plupart des grands Etats de l'Europe ont été représentés à la conférence. Les pêcheurs nationaux jouissent du droit exclusif de pêche dans le rayon de trois milles, à partir de la laisse de basse-mer, le long de toute l'étendue des côtes de leurs pays respectifs, ainsi que des îles et des bancs qui en dépendent (art. 2).

La législation française de 1866 avait déjà fixé à

(1) Voir le texte de cette convention dans : Perels. *Droit maritime international*. Traduction Arendt, p. 583. Appendice. Annexe, F *bis*.

cette distance la limite de la mer territoriale ; la convention de 1882 consacre donc cette mesure et en fait une règle commune à tous les Etats. Les milles mentionnés à l'article 2 sont des milles géographiques de 60 au degré. Pour les baies, le rayon de 3 milles sera mesuré à partir d'une ligne tirée au travers de la baie, dans la partie la plus rapprochée de l'entrée, au premier point (art. 3).

Pour l'application des dispositions de la convention, les limites de la mer du Nord sont déterminées comme suit :

Au nord, par le parallèle de 61° de latitude;

A l'est et au sud :

1° Par les côtes de Norwège, entre le parallèle de 61° de latitude et le phare de Lindesness (Norwège);

2° Par une ligne droite tirée du phare de Lindesness au phare de Hausthokolm (Danemark);

3° Par les côtes du Danemark, de l'Allemagne, des Pays-Bas, de la Belgique et de la France, jusqu'au phare de Gris-Nez ;

A l'ouest :

1° Par une ligne droite tirée du phare de Gris-Nez au feu le plus est de South Foreland (Angleterre) ;

2° Par les côtes orientales de l'Angleterre et de l'Ecosse;

3° Par une ligne droite joignant Duncausby Hend (Ecosse) à la pointe sud de South, Ronaldshay (îles Orcades) ;

4° Par les côtes orientales des îles Orcades ;

5° Par une ligne droite joignant le feu de North

Ronaldshay au feu de Lumburgh-Head (îles Shetland) ;

6° Par les côtes orientales des îles Shetland ;

7° Par le méridien du feu de North Unst (îles Shetland) jusqu'au parallèle du 61° de latitude (art. 4).

Les bateaux de pêche des hautes parties contractantes sont enregistrés d'après les règlements administratifs des différents pays.

Pour chaque port, il y a une série continue de numéros précédés d'une ou plusieurs lettres initiales indiquées par l'autorité supérieure compétente. Chaque gouvernement doit établir un tableau portant indication de ses initiales. Ce tableau, ainsi que les modifications qui pourraient y être ultérieurement apportées, doivent être notifiés aux autres parties.

Les articles 6, 7, 8, 9, 10, 11 ont trait aux lettres que doivent porter les bateaux, à la couleur, à la place qu'elles doivent occuper. Les canots, bouées, chaluts, ancres et en général tous les engins de pêche appartenant au bateau doivent porter les mêmes lettres et numéros que le bateau lui-même.

Une pièce officielle doit justifier de la nationalité de l'embarcation ; on ne peut la dissimuler par aucun moyen (art. 12 et 13).

Les bateaux de pêche ne peuvent mouiller, entre le coucher et le lever du soleil, dans les parages où se trouvent établis des pêcheurs avec filets dérivants (art. 14 et 17).

Les pêcheurs qui jettent leurs filets ne doivent pas se nuire réciproquement ou amarrer leur bateau sur les filets ou bouées des autres (art. 15 et 18).

Si des avaries sont faites aux engins de pêche, l'auteur du dommage en est responsable, aussi a-t-on prescrit une série de mesures pour éviter ces accidents. Si, par exemple, des bateaux pontés et des bateaux non pontés jettent en même temps leurs filets dérivants, les seconds doivent les placer au vent des autres. Les bateaux pontés sont tenus, de leur côté, de jeter leurs filets sous le vent des bateaux non pontés. Dans ce cas, s'il y a des avaries causées aux filets, elles incombent à ceux qui se sont mis en pêche les derniers, sauf s'ils établissent un cas de force majeure (art. 16).

Lorsque les pêcheurs au chalut se trouvent en vue de pêcheurs au filet de remous ou à la ligne de fond, ils doivent prendre toutes les mesures nécessaires pour éviter un préjudice à ces derniers. Les chalutiers sont responsables en cas de dommage, à moins qu'ils ne prouvent soit un cas de force majeure, soit que la perte subie ne provient pas de leur faute (art. 19).

Cette responsabilité présumée des chalutiers a soulevé de vives discussions, mais elle s'explique par ce fait que le pêcheur aux filets dérivants est obligé de suivre ses filets, et ne peut ainsi éviter le chalut; rien, au contraire, n'empêche le chalutier de s'écarter des filets dérivants.

Les articles 20, 21, 22 défendent absolument sauf le cas de force majeure et à moins de consentement des parties de couper les filets qui se mêlent, lorsqu'ils sont la propriété de pêcheurs différents. On ne peut encore couper les cordes ou les lignes d'un bateau de pêche, qui se croisent avec celles d'un autre. Dans le cas de sauvetage, il est permis de crocher, couper, ou soulever les filets et autres engins de pêche.

L'emploi de tout instrument ou engin servant exclusivement à couper ou à détruire les filets est prohibé par l'article 23. On ne doit pas en tolérer la présence à bord. L'instrument que vise cette prohibition est le diable dont il était fait un usage fréquent dans la mer du Nord.

Les pêcheurs doivent observer le règlement de 1884 sur les feux. (Art. 24.)

Tout bateau de pêche, canot, ou objet d'armement ou de gréement qui aura été trouvé ou recueilli en mer, doit être aussitôt que possible remis aux autorités compétentes dans le premier port de retour ou de relâche du bateau sauveteur. Les autorités informent les consuls ou agents consulaires de la nation du bateau sauveteur et de celle du propriétaire des objets trouvés. Dès qu'ils ont été réclamés et que les droits des sauveteurs ont été dûment garantis, ils sont remis à leurs propriétaires ou à leurs représentants.

L'indemnité à donner aux sauveteurs est fixée selon la loi des divers pays. Les conventions particulières à chaque Etat restent en vigueur. (Art. 25.)

Le mode d'estimation de l'indemnité à accorder, confié aux autorités a soulevé des objections.

On voulait la fixer à deux francs ou deux francs cinquante par filet, mais cette somme minime ne pouvait encourager les pêcheurs à rechercher les filets perdus en mer. On préféra laisser la fixation de l'indemnité aux autorités du pays.

D'après l'article 26, la surveillance de la pêche doit être exercée par les bâtiments de la marine militaire des hautes parties contractantes ; en ce qui concerne la Belgique, ses bâtiments pourront être des navires de l'Etat, commandés par des capitaines commissionnés. Ce pays n'a pas de vaisseaux de guerre, c'est ce qui explique cette exception.

Les bâtiments croiseurs de la nation du bateau-pêcheur doivent surveiller exclusivement si l'on observe les règles sur la nationalité, la marque et le numérotage des bateaux. (Art. 27.)

Dans l'article suivant, les membres de la Conférence ont posé les bases d'une police internationale sur la mer libre qui n'est la propriété d'aucun Etat et échappe en principe à toute règlementation.

La surveillance des mesures de police imposées aux pêcheurs, appartient d'après l'article 28, aux croiseurs nationaux, mais les opérations de pêche en elles-mêmes relèvent du contrôle de toutes les parties contractantes ; il n'est fait d'exception que pour les prescriptions contenues dans l'article précédent.

Des pouvoirs encore plus étendus sont accordés par l'article 29 aux commandants des bâtiments croiseurs, lorsqu'ils ont lieu de croire qu'une infraction aux mesures prescrites a été commise. Ils peuvent alors exiger du patron du bateau auquel une contravention est ainsi imputée, d'exhiber la pièce officielle justifiant de sa nationalité. Les commandants des bâtiments croiseurs ne peuvent pousser plus loin leurs recherches à bord d'un bateau de pêche qui n'appartient pas à leur nationalité. Si toutefois il était nécessaire d'aller plus avant dans leurs investigations pour relever la preuve d'un délit ou d'une contravention, ils seraient libres d'agir. C'est là l'exercice du droit de visite. Il est étonnant que la France ait aussi facilement accepté cette mesure. Il est vrai qu'elle l'avait déjà admise en 1867, mais elle l'a repoussée avec fermeté lorsqu'on a proposé de l'exercer pour la suppression de la traite des noirs.

M. Renault justifie cette exception par ce fait que la convention sur les pêcheries prévoit un droit de visite qui sera exercé dans une certaine mer par les officiers des puissances contractantes, qui sont en nombre limité et relativement à des bateaux de pêche auxquels un retard de quelques heures n'occasionnera jamais un préjudice bien grave (1). Le dommage causé aux pêcheurs ne sera pas bien grand il est vrai, mais le principe de la liberté est violé et c'est surtout croyons-nous cette violation, que la France a voulu éviter en refusant d'admettre dans les autres circonstances le droit de visite.

Lorsque les commandants des bâtiments croiseurs viennent à connaître d'un fait, ils apprécient la gravité et constatent le dommage quelle qu'en soit la cause, éprouvé par les bateaux de pêche appartenant aux hautes parties contractantes. Ils dressent s'il y a lieu, procès-verbal de la constatation des faits, telle qu'elle est résultée tant des déclarations des

(1) *Revue de droit international*, année 1883, p. 623.

parties intéressées, que du témoignage des personnes présentes. Si le cas lui semble assez grave pour justifier cette mesure, le commandant d'un bâtiment croiseur aura le droit de conduire le bateau en contravention dans un port de la nation du pêcheur, il pourra même prendre à son bord une partie des hommes de l'équipage pour les remettre entre les mains des autorités de la nation du bateau. (Art. 30.)

Le procès-verbal est rédigé dans la langue du commandant du bâtiment croiseur et suivant les formes en usage dans son pays (art. 31). C'est l'application de la règle, *locus regit actum*. Le navire croiseur est considéré comme une partie de l'Etat auquel il appartient, aussi suit-il la loi territoriale.

La résistance aux bâtiments chargés de la police de la pêche est considérée comme faite envers l'autorité nationale du bateau pêcheur (art. 32).

Lorsque le fait imputé n'est pas grave, mais occasionne cependant du dommage, la conciliation peut être faite sur mer entre les intéressés par les commandants des croiseurs. Ils fixent d'accord avec les parties l'indemnité à payer. Si la dette ne peut acquittée immédiatement, les parties signeront en double expédition un acte réglant la somme due. Si l'entente ne peut se faire, on dresse procès-verbal (art. 33).

La poursuite des délits et contraventions a lieu au nom de ou par l'Etat (art. 34). Il se substitue au pêcheur, d'abord parce que l'intérêt public peut être en cause, et en second lieu les pêcheurs sont pauvres en général et ne pourraient avec leurs propres ressources se défendre devant les tribunaux. C'est l'application pure et simple de l'assistance judiciaire.

Aux termes de l'article 35, les parties contractantes s'engagent à proposer à leurs législations respectives les mesures nécessaires pour assurer l'exécution de la convention, et faire punir ceux qui contreviendront aux dispositions des articles 6 à 23 inclus.

Si des pêcheurs se livrent à des voies de fait envers d'autres pêcheurs de nationalité différente ou leur ont causé volontairement des dommages, les tribunaux du pays des délinquants seront compétents pour juger (art. 36).

La procédure et jugements doivent être aussi sommaires que possible (art. 37). Enfin d'après les articles 38 et 39, le texte de la convention devait être présenté dans le plus bref délai aux puissances pour la ratification qui serait signée à la Haye. Les hautes parties contractantes étaient libres de choisir le jour, à partir duquel elle devrait être mise à exécution. Sa durée serait de 5 ans à dater de ce jour et si les Etats parties ne notifiaient pas douze mois avant l'expiration de ce délai leur intention d'en faire cesser les effets, elle continuerait de rester en vigueur une année et ainsi de suite d'année en année. Si au contraire, une des Puissances dénonçait la convention, elle devait conserver son plein effet vis-à-vis des autres Etats signataires entre eux.

En règle générale, lorsque des conventions internationales sont conclues, on réserve aux parties non contractantes la faculté d'adhérer plus tard à ces conventions. Celle de la Haye a fait une restriction, en ce sens qu'elle n'a accordé ce droit d'adhésion ultérieure qu'au gouvernement de Suède et de Norwège, probablement parce que cet Etat est particulièrement intéressé à tout ce qui concerne la navigation et la pêche dans la mer du Nord. La participation du royaume scandinave à ce pacte devait être notifiée au gouvernementdes Pays-Bas et par celui-ci aux Etats signataires.

Cette convention a été ratifiée sans difficulté par le Sénat français le 16 février 1883 et par la Chambre des députés le 28 décembre de la même année. Elle accordait le droit de visite, consenti par le gouvernement français contrairement à ses principes. Il se ressaisit en effet quelques années plus tard, lorsqu'on lui proposa de ratifier une nouvelle convention tenue à la Haye en 1887 pour faire cesser le trafic des spiritueux dans la mer du Nord (1).

Ce fut à la suite de recherches ordonnées par le gouvernement britannique pour connaître la façon dont se pratiquait la pêche dans la mer du Nord que l'on s'aperçut des abus engendrés par la vente de l'alcool dans la haute mer. Ce commerce clandestin était fait par des bateaux dits coopers ou bumboats, qui étaient en réalité des cabarets flottants. Une convention internationale réunie à la Haye sous l'initiative du cabinet anglais fut chargée d'étudier les moyens propres à assurer le trafic par ces coopers.

La France, la Belgique, l'Allemagne, le Danemark, l'Angleterre, les Pays-Bas se firent représenter à la

(1) *Revue de droit international*, 1894, p. 488.

Conférence. Toutes ces Puissances sauf la France s'entendirent pour signer la Convention du 16 novembre 1887. Le délégué français avait bien adhéré au réglement, mais le cabinet de Paris refusa de ratifier.

On voulut établir des pénalités contre le délit des spiritueux aux bateaux pêcheurs, en restant dans les limites déterminées par l'article 4 de la convention du 6 mai 1882. Chacun des Etats contractants devait faire des lois à cet effet, et leur exécution serait assurée dans les eaux territoriales par les croiseurs de la nation riveraine, dans la pleine mer, par ceux de toutes les parties qui auraient adhéré à la convention. Le point le plus délicat et qui souleva les plus vives discussions de la part de quelques délégués, fut de trouver le moyen propre à constater le délit. Il était évident qu'il fallait appliquer le droit de visite, et l'exercice de ce droit était d'autant plus nécessaire que les investigations de ceux chargés de la surveillance devaient être poussées jusqu'au fond même de la cale.

Les délégués allemands protestèrent les premiers et firent valoir cet argument : que les recherches ne s'arrêteraient pas seulement aux coopers, mais que tout navire de commerce dans la mer du Nord pourrait désormais, être obligé de subir le droit de visite et que ce fait ne pouvait être toléré. Le délégué de la France fit entendre les mêmes objections. Il admettait bien une enquête portant purement et simplement sur le pavillon, et même la faculté de faire raisonner le navire, mais il repoussait énergiquement le droit de visite. On finit par s'entendre et on décida que la surveillance serait exercée par un nombre de croiseurs limité, dont les noms seraient communiqués par les puissances contractantes, conformément à l'article 26 de la convention de Paris, du 6 mai 1882.

L'intervention des croiseurs fut réglée suivant l'article de la convention, de Paris, du 14 mars 1884. Les commandants des vaisseaux de guerre peuvent, en cas de doute, exiger du capitaine la production du titre officiel établissant la nationalité du navire et en dresser procès-verbal. Dans les cas graves, les croiseurs ont en outre le droit de conduire les bâtiments en contravention dans un port de la nation à laquelle ils appartiennent.

Sur les instances de la France et de l'Allemagne, la conférence avait ainsi abandonné le droit de visite. Le délégué français signa alors la convention, mais des protestations s'élevèrent du côté des pêcheurs français. Ils prétendaient n'avoir jamais fait un trafic illicite des spiritueux et ils refusèrent d'accepter la décision de la conférence. Devant ces réclamations énergiques, la Chambre des députés et le ministère se laissèrent convaincre, et ne voulurent pas ratifier (1). L'attitude de la France, en cette circonstance, a fait, en quelque sorte, avorter le but de la conférence. Pour arriver à un résultat appréciable, il fallait que tous les Etats riverains de la mer du Nord prissent des mesures de répression identiques. Or, par son refus, la France favorise le trafic que

(1) *Revue de Droit international, 1894*, t. XXVI, p. 488.

l'on voulait empêcher. Les coopers usurpent le pavillon français et se livrent ainsi sans crainte, sous la protection de cet emblême, à leur commerce nuisible. Un délai d'un an fut stipulé pour la ratification de la convention, la faculté d'adhérer fut laissée à la France, qui n'a pas encore accepté le règlement de 1887. Cette abstention eût pu s'expliquer, si l'on avait maintenu le droit de visite, et dans l'état actuel des choses, elle cause un très grand préjudice au but que s'était proposé d'atteindre la convention de la Haye. Les autres Etats signataires ont donné leur ratification le 11 avril 1893.

Nous ne saurions clore notre étude sur la pêche sans consacrer quelques pages à deux incidents qui constituent, l'un une atteinte grave au principe de la liberté des mers, l'autre au respect dû aux traités internationaux. Dans la question des pêcheries de Behring on s'est plu à confondre, par suite de subtilités dont une sentence arbitrale a fait entièrement raison, la pleine mer et la mer territoriale. Au contraire, pour le droit de pêche des français sur les bancs de Terre-Neuve, c'est-à-dire en mer territoriale, on n'a pas hésité à contester contre toute logique des droits séculaires sanctionnés par plusieurs actes diplomatiques.

§ 1er. — *Pêcheries de la mer de Behring.*

Depuis le commencement de ce siècle, aucun Etat n'avait prétendu exercer le droit exclusif de pêche en pleine mer, chacun se réservant cet usage seulement dans la mer territoriale. Il semblait donc qu'il y eût sur ce point entente générale. Cependant, en 1886, les Etats-Unis ont soulevé cette question à propos de la pêche des phoques dans la mer de Behring. Nous avons déjà donné les raisons pour lesquelles cette mer ne pouvait être considérée comme fermée, et dès lors on ne pouvait réclamer dans ses limites un droit de pêche spécial (1).

La mer de Behring, désignée sous le nom de mer du Kamtchatka ou de Pacific Océan a une étendue de 1,200 milles, et les Etats-Unis ne possèdent que la côte de l'est. Il est difficile dans ces conditions de la considérer comme une fer fermée. La navigation doit y être libre et toutes les nations peuvent s'y livrer à la pêche en dehors des eaux territoriales. Or, dans ces dernières années, les Etats-Unis ont voulu réserver cette mer à leurs nationaux, alors qu'ils n'y ont en réalité que les droits possédés par tout Etat riverain sur la mer qui baigne ses côtes.

Dans la mer de Behring sont situées deux îles, Saint-Paul et Saint-Georges ou îles de Prybiloff. A certaines époques de l'année, ces parages sont fréquentés par un nombre considérable de phoques, qui à d'autres saisons, s'éloignent jusqu'à une distance de 3,000 milles au sud des îles. Vers la moitié du dix-huitième siècle, on commença à chasser les phoques, et à la fin, les chasseurs étaient devenus en nombre tel que l'on craignit la destruction complète de ces animaux.

(1) Voir page 48 et s.

En 1799, le gouvernement russe à qui appartenait alors le territoire d'Alaska, donna à une compagnie, par un ukase du 1er janvier, le droit exclusif de pêche pour une durée de vingt ans. La contrebande ne tarda pas à se faire et la compagnie demanda une plus grande protection, surtout mieux assurée. En 1821, Alexandre Ier renouvela la charte donnée aux concessionnaires, il en fut de même en 1841, mais en 1860, la même compagnie demanda à se désister, et les Américains qui voyaient dans cette pêche une source de revenus, s'adressèrent aux représentants de la Californie pour demander au gouvernement de Washington d'acheter à la Russie le territoire d'Alaska et les îles Aleoutiennes. Le traité de cession fut signé le 30 mars 1867.

En 1868, le congrès vota un acte qui interdisait de tuer les phoques sur les territoires cédés et les eaux adjacentes. Le 17 juillet 1870, un nouvel acte ordonnait la mise en afferme de la chasse des phoques. Celle-ci était concédée le 1er mai, à l'*Alaska commercial company* qui pouvait chasser les phoques aux îles Pribyloff, St-Georges et St-Paul, moyennant une rente annuelle de 50 millions de dollars. La concession était faite pour vingt ans.

De 1876 à 1886, quelques chasseurs se montrèrent dans l'océan Pacific nord, mais ils ne dépassèrent pas les îles Aleoutiennes. C'étaient les chasseurs pélagiques ou *pelagic scalers* (1). En 1883, une goëlette de pêche entra dans la mer de Behring et elle fut suivie bientôt par un grand nombre d'autres. La

(1) Ou chasseurs en pleine mer.

compagnie d'Alaska se plaignit; elle avait un droit de chasse sur les îles, mais à raison des migrations lointaines des troupeaux, elle voulut interdire la chasse dans la haute mer. Elle demanda au gouvernement américain de protéger les droits qu'il lui avait concédés et de prendre des mesures pour défendre la chasse dans toute la mer de Behring. Le cabinet de Washington ordonna alors à ses croiseurs de surveiller cette mer et d'arrêter s'il était nécessaire, les bateaux étrangers à la compagnie qui viendraient y jeter l'ancre.

Peu après, on saisit en haute mer trois goëlettes anglaises et même quelques navires américains (1). Ce fait fut la violation la plus ouverte des notions élémentaires du droit international (2). La Grande-Bretagne protesta aussitôt et les négociations entre les cabinets anglais et américains aboutirent à la convention d'arbitrage du 27 février 1892.

Pour établir leur prétendu droit de propriété sur les phoques de la mer de Behring, les Etats-Unis reprirent le texte de l'ukase de 1821, qui permettait aux sujets russes de trafiquer, de pêcher la baleine et autres poissons et d'exercer toute espèce d'industrie le long des côtes d'Amérique, dans les îles Aleoutiennes et sur la côte est de la Sibérie. Les bateaux étrangers ne pouvaient aborder aux établissements

(1) Voir *Journal de droit international privé*, 1894. — Fromageot, *Arbitrage de la mer de Behring*, pp. 37 et suiv.

(2) Voir *Revue de droit international*, 1891, pp. 238 et suiv. Geffeken, *La question d'Alaska*.

russes sus-mentionnés ni les approcher. Nous savons que les Etats-Unis avaient protesté contre cet ukase(1) et que la Russie, signant le traité de 1824 avec les Etats-Unis et de 1825 avec la Grande-Bretagne, avait abandonné ses prétentions. Ce furent cependant ces mêmes Etats-Unis qui réclamèrent tout avantage à leur profit après l'acquisition de l'Alaska en 1865. Mais, comprenant la fragilité de leurs arguments, ils prétendirent que ces deux traités ne se rapportaient pas à la mer de Behring proprement dite, celle-ci ne pouvant être comprise dans le terme général d'océan Pacifique.

A propos de phoques, les Américains furent plus loin; ils prétendirent que ceux-ci étaient leur propriété aussi bien en deçà qu'au delà des limites de la mer territoriale. Ils assimilaient ces cétacés à des animaux terrestres qui ne gagnaient la mer que pour y chercher leur nourriture. Ils les qualifiaient même d'animaux domestiques en raison de ce fait qu'ils ne perdent jamais l'esprit de retour (*animus revertendi*) qui les ramène tous les ans sur les mêmes îles. Dès lors, comme possesseurs de ces parages, les Etats-Unis s'arrogeaient un droit de propriété sur les phoques qui les fréquentaient, droit qui devait les suivre partout, même dans la haute mer, collectivement et individuellement.

En raisonnant ainsi, les Américains considéraient leur droit comme analogue à celui qu'a un propriétaire sur sa ruche ou son colombier. Ils allaient

(1) Voir *Revue de droit international*, 1893, p. 417.

même jusqu'à dire que les phoques de leurs parages constituaient une race distincte, facile à reconnaître. Un écrivain américain a fait à ce sujet une comparaison curieuse. Un poisson pris à l'hameçon, dit-il, est la propriété du pêcheur, même si le fil qui le retient va d'un rivage à l'autre de l'Atlantique et quoiqu'il ne soit pas certain qu'il puisse être tiré à terre. *L'animus revertendi* des phoques, se demande M. Tracy, n'est-il pas plus tenace que le fil du pêcheur (1)?

Il nous semble qu'il existe une grande différence entre les phoques et ce poisson pris à l'hameçon. Si les phoques reviennent tous les ans sur les mêmes rochers, c'est d'eux-mêmes; aucune force autre que leur instinct ne les y ramène. Le poisson qui est pris à une ligne, appartient au contraire à celui qui l'a mise à l'eau, qui y a placé un appât. Le pêcheur a eu la volonté de prendre du poisson, il a dû se procurer les engins nécessaires; en un mot, il a dû faire des dépenses, et il a en quelque sorte un droit absolu de proprieté sur le poisson qu'il a réussi à capturer. Il use enfin d'un droit qui appartient à tous. Les Américains n'ont rien fait de tout cela. Ils veulent que les phoques soient leur propriété parce qu'ils viennent sur leurs côtes; mais ce n'est pas là une raison, et nous croyons que comme le poisson ils appartiennent à ceux qui sont assez habiles pour les prendre.

La chasse pélagique n'a commencé dans la mer de

(1) Voir *Revue de Droit international*, 1894, Engelhadt.

Behring qu'en 1883 et les Etats-Unis arguent de ce fait pour mettre en avant un droit de prescription à leur profit. Ils invoquent le cas de légitime défense accordé à tout propriétaire qui défend son bien contre celui qui s'en empare. Ils vont même jusqu'à prétendre que cette chasse est un crime, parce qu'elle fait périr plus d'animaux qu'il est utile, sans distinction d'âge ou de sexe et qu'elle est *contra bonos mores* (1). Nous ferons remarquer avec M. Barklay, au sujet de cette qualification, que les Etats-Unis ont pris jadis une attitude toute contraire par rapport à la traite des Noirs (2). Elle est cependant tout autant *contra bonos mores* que la chasse aux phoques avec ou sans discernement.

Enfin, disent les Américains, lorsqu'une chose est utile à tous et qu'elle menace de disparaître, il faut la réduire à l'état de propriété si elle n'appartient à personne, et ce droit de propriété est « imprégnable » (3). Telles sont les raisons invoquées par les

(1) Voir la note du 22 janvier 1890. Au ministre des Etats-Unis à Londres. *Apud Journal de Droit international privé*, 1894, p. 30 etc.

(2) M. Cass écrivait en effet le 25 janvier 1859 que le président, quoique opposé à la traite des noirs en Afrique et décidé à donner libre exécution aux lois des Etats-Unis pour obtenir sa suppression, ne peut en ce faisant s'adonner à un principe ou consentir à un procédé qu'il croit incompatible avec cette grande immunité des navires marchands en pleine mer en temps de paix, pour laquelle ce Gouvernement a toujours lutté et dans le maintien de laquelle le commerce du monde a si grand intérêt. Voir, *Revue de Droit international*, 1893. (Barklay.)

(3) Voir *Revue de droit international*, 1894 (Engelhardt), p. 387.

Etats-Unis pour affirmer leur droit exclusif de propriété sur les phoques de la mer de Behring.

La Grande-Bretagne répondit à tous ces arguments, en démontrant combien ils étaient peu fondés. Elle fit valoir en effet que la mer de Behring n'était pas une mer fermée, et que toutes les nations avaient collectivement le droit d'y naviguer et d'y pêcher pourvu qu'elles observent les règlement internationaux.

Lorsque par l'ukase de 1821, la Russie voulut interdire la pêche aux étrangers dans la mer de Behring, les Etats-Unis protestèrent. Ils ne peuvent donc réclamer à leur profit un droit qu'ils ont contesté à ceux-là même de qui ils prétendent l'avoir recueilli, et puisqu'en 1867 la Russie n'avait aucun droit exclusif sur cette mer, les Américains cessionnaires ne peuvent en avoir davantage.

Quant aux phoques, ce sont des animaux sauvages et comme tels, ils sont *res nullius* et ne sont réellement la propriété du capteur que lorsqu'il les a en sa possession. Les phoques reviennent tous les ans sur les îles, mais les Américains n'ont pas le pouvoir de les y attirer. Ils n'ont donc que les droits de tous les Etats sur les eaux territoriales et adjacentes, en dehors du rayon de trois mille tout droit disparaît, aucun principe juridique n'autorise un gouvernement à étendre son droit de propriété en haute mer sur les animaux qui ne lui appartiennent pas (1). Les

(1) Voir *Journal de droit international privé*, 1894. (Fromageot) « Arbitrage de la mer de Behring. »

Américains prétendaient pour défendre la chasse pélagique qu'elle aboutissait à la destruction de l'espèce et Sir Charles Russel leur répondit au nom du Cabinet Britannique que ce n'était pas une raison pour que le droit de l'exercer n'existe pas également au profit de l'Angleterre (1). En ce qui concerne le droit de prescription, il ne peut avoir sa raison d'être puisque les traités de 1824 et 1825 en ont interrompu les effets.

Une entente amiable ne put se faire entre les deux gouvernements et par le traité de Washington du 29 février 1892 (2), on décida de faire trancher le conflit par un tribunal arbitral.

Il devait comprendre sept membres, qui se réunirent à Paris, et rendirent leur sentence, le 15 août 1893 (3). Les prétentions des Etats-Unis ont été rejetées.

Ils n'ont donc aucun droit en haute mer sur les phoques de la mer de Behring ; mais dans la zone territoriale fixée à trois mille, ils peuvent prendre toutes les mesures de police qu'ils jugeront utiles. Le tribunal a, au contraire, reconnu le bien fondé des réclamations de la Grande-Bretagne et il a affirmé le principe de la liberté des mers. Toutefois, les arbitres ont reconnu la nécessité d'assurer la

(1) *Revue de droit international*, 1894, note. (Engelhardt), p. 386 et suiv.

(2) Voir « Texte du traité de Washington » dans *Journal de droit international privé*, 1894, p. 44 et suiv.

(3) Voir le texte dans le *Journal de droit international privé*, 1893 (Barklay).

protection des phoques à fourrure, au delà de la limite de trois milles.

On a décidé qu'une distance de soixante milles autour des îles Pribyloff constituerait une zone de protection, dans le rayon de laquelle il serait défendu en tout temps de se liver à la pêche des phoques. Cette restriction, tout en protégeant l'espèce des phoques donnait satisfaction aux Etats-Unis (1).

Les pêcheurs ne doivent avoir que des navires à voiles et être munis d'une licence et d'un pavillon distinctif. On ne peut employer, ni filets, ni explosifs, ni armes à feu. La date et le lieu de la pêche doivent êtres relatés sur le livre de bord. On doit pouvoir connaître le sexe et le nombre des phoques capturés. Les phoques adultes, de trois ans environ, peuvent seuls être pris et leur nombre ne doit pas dépasser 100,000 têtes par an. La décision des arbitres conciliait donc les deux parties en cause.

Les règlements établis pour assurer le repeuplement des phoques n'ont pas été efficaces. Les rapports des officiers de marine chargés de surveiller les bâteaux de pêche estiment que si l'on ne prend des mesures plus énergiques, l'espèce des phoques sera détruite d'ici à un délai de cinq

(1) La chasse pélagique, dit M. Engelhardt, doit être réglementée dans les parages dont s'agit de telle sorte qu'elle soit à la fois moins barbare dans ses procédés et moins désastreuse dans ses effets, c'est-à-dire qu'il convient d'appliquer à ces parages libres de toute domination particulière et par conséquent d'internationaliser quelques unes des lois préservatrices qui régissent la chasse dans tous les Etats civilisés. Voir *Revue de droit international* 1894.

ans. Dans la dernière saison de pêche de 1894, sur 50,000 phoques capturés 80 °/₀ au moins étaient des femelles (1). Enfin, M. de Martens fait observer que ces règlements n'auront réellement une valeur que si la Russie et le Japon y accèdent (2).

Il faut remarquer en terminant, que la sentence du tribunal arbitral crée un précédent exceptionnel dans les annales du droit international. En général, les arbitres tranchent simplement un litige, ils ont fait ici œuvre de législateurs. Ils n'ont pas cependant outrepassé leurs droits, car les pouvoirs qui leur avaient été conférés, leur permettaient de déterminer pour l'avenir la situation des Etats en cause.

Nous croyons, avec M. Barclay, que la sentence du tribunal de Paris a pris rang parmi les cas les plus fameux d'arbitrage international (3), et M. de Martens déclare que ce tribunal occupera dans l'histoire des relations internationales, la même place d'honneur qu'occupait jusqu'à cette époque le Tribunal d'arbitrage de Genève pour trancher la question de l'Alabama (4).

(1) Journal le *Temps*, du 7 octobre 1894.

(2) Voir *Revue générale du droit international public*, 1894, p. 35. — Tribunal d'arbitrage de Paris et la mer territoriale.

(3) Voir *Revue de droit international* 1893, p. 444.

(4) Voir *Revue générale de droit international public*, 1894, p. 83.

§ 2. — *Pêcheries de Terre-Neuve.*

Une autre atteinte grave au droit international en général, et au droit de pêche en particulier, a été commis dans les dernières années de ce siècle à propos des pêcheries de Terre-Neuve. La France possède un droit incontestable de pêche sur les côtes de cette île, mais les habitants jaloux et redoutant la concurrence, cherchent toutes les occasions possibles pour entraver l'exercice de cette industrie par les pêcheurs français.

Le droit de pêche de la France dans les parages de Terre-Neuve, peut se diviser en trois catégories : *La pêche sur les bancs ; la pêche autour des îles* et *la pêche sur la côte de Terre-Neuve.*

Il ne faut pas confondre les trois aspects différents sous lesquels ce droit de pêche se présente.

La pêche sur les bancs se fait dans la haute mer, et toutes les nations jouissent du même droit, parce que la pleine mer est libre et commune à tous les peuples.

Les îles Saint-Pierre et Miquelon appartiennent à la France et nos pêcheurs se trouvent sur les eaux françaises soumis uniquement à la loi nationale.

Sur la côte de Terre-Neuve, la pêche se fait sur la partie du littoral anglais que les traités nous réservent et qui a reçu le nom de *French shore.*

Dans ce cas, on comprend que par le contact de nationalités différentes, des contestations aient pu s'élever, quoiqu'elles constituent une violation complète des traités. Nous jouissons en effet, dans ces parages, d'accord avec l'Angleterre, d'un droit de pêche spécial et absolu. Aucune limitation ne peut être apportée au genre de pêche à y exercer et la concurrence étrangère ne peut s'y faire sentir.

Les droits de la France, dans cette région, remontent au traité d'Utrecht du 11 avril 1713, par lequel nous cédâmes à l'Angleterre l'île de Terre-Neuve. Malgré cette cession, nos pêcheurs conservèrent un droit de pêche et de séchage exclusif du poisson sur une partie du littoral, qui reçut de ce fait le nom de banc français ou *French shore.* Nos droits étaient donc bien définis et il semblait que des difficultés ne dussent jamais surgir de ce côté. Cependant, en 1783, l'Angleterre souleva quelques contestations, et le traité de Versailles du 3 septembre de la même année stipula que le droit de la France s'étendrait du cap Saint-Jean au cap Raye, en passant par le nord. Les plénipotentiaires Anglais prirent en outre l'engagement formel que la jouissance des droits accordés aux pêcheurs Français ne serait nullement troublée. Quelques années plus tard, le traité de Paris du 30 mai 1814, confirma à nouveau les droits reconnus par la paix d'Utrecht et renouvela la promesse de 1783. Dès ce moment, les pêcheurs Français et Terre-Neuviens, se livrèrent à la pêche dans les limites qui leur avaient été tracées.

Les divers traités, en autorisant le droit de pêche sur les côtes de Terre-Neuve, avaient voulu mettre un obstacle à l'existence d'établissements *permanents* sur le littoral réservé à la France. Cependant, peu à peu, les pêcheurs Terre-Neuviens s'y établirent et les Français ne cherchèrent pas à empêcher à ces empiètements. Les choses changèrent tout à coup, lorsque la pêche du homard eut pris une grande importance dans ces parages. Il se fit alors une concurrence des plus vives entre les armateurs Anglais et les pêcheurs Français. Le préjudice subi par ces derniers était d'autant plus considérable, qu'ils n'avaient pas le droit de passer l'hiver à Terre-Neuve et d'y jouir d'un séjour permanent.

Les Anglais, plus favorisés, s'installaient aux postes des pêcheurs français pendant leur absence, et à leur retour ceux-ci trouvaient leurs places prises par les homarderies anglaises.

C'est de cette tolérance de nos compatriotes que sont issus les conflits et les difficultés qui font aujourd'hui l'objet d'un recours arbitral. La querelle s'envenima surtout en 1855. A cette époque, un parlement local fut accordé par le gouvernement anglais aux habitants de Terre-Neuve. Il montra aussitôt une haine aveugle contre nos pêcheurs, et le cabinet de Londres n'acceptant que difficilement de partager avec sa colonie des sentiments hostiles à la France dut réprimer des soulèvements contre l'autorité de la reine.

Une nouvelle convention signée entre l'Angleterre et la France le 14 janvier 1857, vint régler à nouveau l'exercice de ce droit et l'accorda exclusivement aux pêcheurs français. Une vive émoute éclata alors à Terre-Neuve, et l'écusson royal fut traîné dans les rues de la capitale.

La situation resta cependant stationnaire pendant quelques années, mais le conflit s'aggrava lorsque le 18 mai 1886 le Parlement de Saint-Jean de Terre-Neuve vota un bill (Bait-Act), par lequel était interdite aux pêcheurs étrangers la vente de la boette et de l'appât. A la suite de ces attaques continuelles, une voix s'éleva dans le Parlement français pour prendre la défense de nos pêcheurs. Dans la séance de la Chambre des députés du 20 janvier 1890, M. Flourens exposa la situation, et après avoir revendiqué les droits de la France établis par les traités, il appela l'attention du gouvernement sur la protection due à nos pêcheurs dans les parages de Terre-Neuve (1).

Les arguments employés par les Terre Neuviens sont assez étranges. Pour contester nos droits et donner un fondement à la querelle qu'ils soulèvent, ils ont recours à une subtilité de langage. Les traités, disent-ils, concèdent aux Français le droit de prendre ce qui se pêche (to fisch) et non ce qui se capture (to cash) ; or, les homards se capturent et ne se pêchent pas. Ils soutiennent ainsi que cette sorte de pêche n'est pas comprise dans les termes du traité d'Utrecht. Ils déclarent que le traité n'avait en vue que la pêche de la morue, qui est un poisson, et que les homards sont des crustacés que l'on capture, et qu'en outre des établissements permanents sont nécessaires pour leur préparation.

Dans le débat survenu devant les Chambres fran-

(1) Voir *Journal officiel*, séance du 20 janvier 1890.

çaises, on fit remarquer que le mot pêche s'emploie en général pour tous les animaux qui vivent dans l'eau, tels que les huîtres, écrevisses (1). On dit bien aussi pêcher des éponges ou des perles. Ebranlés par ces réfutations et jugeant malgré tout que l'argument invoqué était sans grande portée, les Terre-Neuviens déclarèrent alors que nos droits sur le French shore étaient par suite de leur ancienneté tombés en désuétude (2).

Le gouvernement français fit valoir que l'abrogation d'un traité devait être formelle, et que sa valeur ne dépendait pas de sa date plus ou moins ancienne. De plus, puisque l'Angleterre admettait encore à son profit l'existence du traité d'Utrech comme garantie de sa souveraineté sur l'île, il n'y pas de raisons valables pour qu'il soit caduc à l'égard des obligations qu'il impose vis-à-vis de la France.

De vexations en vexations, le conflit arriva à l'état aigu. Le cabinet britannique fermait l'oreille aux réclamations des Terre-Neuviens, mais ceux-ci pour le forcer à sortir de son attitude d'expectative menacèrent en 1890, de proclamer l'indépendance de l'île ou son annexion aux Etats-Unis si l'Angleterre ne les

(1) Voir *Journal officiel* de la République française du 15 juin 1885, p. 6195. Séances de la Chambre des députés du 15 décembre 1883 et 20 janvier 1890. — Sénat, séances des 15 décembre 1886 17 janvier 1887, 19 décembre 1890.

(2) D'après ce système, dit M. Despagnet, tous les traités « onéreux ou simplement gênants » pourraient ainsi par la volonté d'un des contractants être frappés de caducité. (Despagnet. *Cours de droit international public*, p. 488.)

aidait pas à chasser les pêcheurs français. Pour mettre un terme à cet état de choses, les gouvernements français et anglais décidèrent par le traité du 11 mars 1891 de soumettre la question à une commission arbitrale. Celle-ci devait comprendre trois spécialistes ou jurisconsultes désignés d'un commun accord par les Etats intéressés, et des délégués de chaque pays comme intermédiaires autorisés entre les deux gouvernements et les arbitres. Ces sept membres devaient statuer à la majorité des voix, sans appel, et se réunir aussitôt que faire se pourrait. Les travaux de la commission ne devaient porter que sur la pêche du homard. Le bill de 1886 interdisant la vente de la boette et de l'appât aux pêcheurs étrangers devait être laissé de côté.

Les arbitres choisis furent : M. de Martens, professeur à l'Université de Saint-Pétersbourg ; M. Rivier, consul général de Suisse à Bruxelles ; M. Gram, ancien membre de la Cour suprême de Norwège.

Depuis 1891, les choses en sont toujours au même point ; la commission ne s'est pas encore réunie. Il semble que l'Angleterre ait reculé devant les menaces des Terre-Neuviens, mais son acte est une violation flagrante du droit des gens, c'est le mépris formel des traités de 1713, 1783 et 1891. Nos droits sur le French shore sont réels, et ils ont une base aussi solide que ceux accordés aux Terre-Neuviens eux-mêmes puisque le même traité a réglementé la situation des deux parties. Si on nous crée des difficultés, c'est parce que nous portons obstacle au commerce anglais de l'île et qu'on veut détruire la concurrence.

L'Angleterre ne devrait pas oublier sa parole engagée formellement en 1891. Le compromis doit être exécuté, ou si le cabinet anglais préfère racheter nos droits, il ne doit le faire qu'en nous accordant des compensations équivalentes. Mais la perte de nos droits de pêche à Terre-Neuve, serait la ruine pour nos populations du littoral de l'Océan Atlantique.

Dans un article publié dans le *Pall Mall Magazine* à la fin de janvier 1899. Sir Charles Dilke a cherché à établir que nos droits sur la côte de Terre-Neuve sont sans importance pour nos pêcheurs, et que dès lors, nous n'avons plus qu'à abandonner purement et simplement ces prétentions surannées.

Pour être anciens, les traités qui règlent nos intérêts sur ces parages, n'en ont pas moins conservé leur valeur. En outre, nos pêcheurs trouvent dans l'industrie de la pêche sur le French shore les mêmes avantages que par le passé.

Il est question, pour trancher le litige, d'offrir à la France des compensations en échange de l'abandon de ses droits sur le French shore. Une dépêche du 24 mars 1899 annonçait en effet, que des négociations allaient être ouvertes dans ce sens. Mais il est à craindre qu'avec toutes les difficultés qu'éprouve aujourd'hui l'Angleterre au Transvaal, elle ne songe de longtemps encore à donner une solution définitive à la question de Terre-Neuve. Ces difficultés ont même amené M. Chamberlain, à télégraphier au Gouvernement de l'île, de convoquer sans retard le Parlement local et de proposer le renouvellement du *modus vivendi* avec la France, ajoutant que l'Angleterre n'hésiterait pas à agir en vertu de ses droits souverains, si la colonie ne prenait pas une décision conforme au désir de la couronne. Le cabinet de Saint-Jean répondit aussitôt que la législature se réunirait le 25 janvier. Cette tendance pacifique est peut-être dictée par les événements actuels, mais s'il est vrai que le Gouvernement britannique soit disposé, comme il le donne à entendre à nous accorder des compensations, celles-ci doivent être proportionnées à l'importance des avantages que nous retirons jusqu'ici des traités d'Utrecht et de Versailles.

SECTION III

DES CABLES SOUS-MARINS

Quelques années à peine se sont écoulées depuis la découverte de la télégraphie sous-marine, mais les services qu'elle a rendus ont été si considérables, les besoins de communication sont si intenses, que chaque Etat s'est efforcé de les développer le plus possible. Il a agi sans doute dans son propre intérêt, mais il n'en a pas moins contribué à l'œuvre de civilisation internationale. Le fond des mers est aujourd'hui traversé de toutes parts, par une multitude de câbles qui relient les Etats entre eux, ou avec leurs colonies, l'ancien avec le nouveau monde. La haute mer est libre, et toutes les puissances ont le droit d'y établir des câbles, mais en raison même de cette liberté, qui enlève la pleine mer à toute juridiction, les câbles n'étaient nullement protégés contre les actes de destruction possibles. Si en effet, un Etat peut exercer une surveillance constante sur la portion des câbles située dans la mer territoriale, aucune garantie n'existait au milieu de l'Océan. Cette situation attira l'attention des Gouvernements, qui mirent à l'étude les moyens propres à assurer la sécurité et le bon fonctionnement de la télégraphie sous-marine. On exprima le vœu, qu'il soit pris des mesures efficaces pour éviter leur rupture ou destruction volontaire.

Dès l'année 1863, quelques Etats, parmi lesquels la France, le Brésil, la République d'Haïti, le Portugal, l'Italie conclurent une convention qui avait pour but l'établissement d'une ligne télégraphique entre l'Europe et le Nouveau-Monde. L'entrepreneur de ce travail était M. Pier-Alberto Balestrini, mandataire de la Compagnie chargée de l'établissement de la ligne. Il était stipulé dans la convention, que les parties contractantes déclaraient d'utilité internationale la ligne télégraphique, qui devait réunir les deux Amériques à l'Europe. Elles s'engageaint à la protéger, et à la garantir sur leurs territoires respectifs, mais ne répondaient pas des cas de force majeure. Le câble devait être neutralisé en cas de guerre, c'est-à-dire qu'on prenait l'engagement de ne pas le couper ou le détruire si des actes d'hostilités surgissaient entre les parties contractantes. L'Etat avait sous sa protection les sections de câbles aboutissant à la terre ferme. Elles étaient considérées comme faisant partie de son domaine public ou privé.

Dans cette convention, il était fait une assimilation complète des lignes télégraphiques maritimes et des lignes terrestres, les mêmes pénalités frappaient les contrevenants.

On ne s'explique pas pourquoi la convention n'avait en vue que les portions de la ligne qui se trouvaient sur le territoire même, ou dans la zone maritime. Il n'était même pas nécessaire de s'en occuper, car en vertu de son droit de police de la navigation dans les eaux territoriales, un Etat peut prendre toutes les mesures nécessaires pour la protection des câbles sous-marins. Il ne fut nullement question de la pleine mer, cependant il semble que l'attention des Etats eût du se porter particulièrement sur ce point. L'œuvre projetée échoua et la concession ayant été retirée en 1872, la convention n'entra jamais en vigueur.

Pendant que des pourparlers étaient engagés pour la construction de cette ligne, le gouvernement des Etats-Unis prenait en 1869 l'initiative d'une conférence à Washington dans le but de combler la lacune laissée par la convention précédente. Il avait compris que l'intérêt principal était d'assurer la protection des câbles dans la pleine mer. Un Etat peut protéger la partie du câble qui aboutit à son territoire, mais loin des côtes aucune législation n'est applicable, dès lors tous les actes commis devaient rester impunis. Il fallait donc arriver à une entente générale pour que toute interruption ou entrave aux communications télégraphiques puissent être partout atteintes par la sanction pénale.

Le projet des Etats-Unis assimilait à des actes de piraterie toute destruction du câble commise en pleine mer Il admettait la neutralité perpétuelle du câble, puisque la convention devait conserver son entier effet même en temps de guerre. Mais la guerre franco-allemande, survenue au moment où le congrès allait se réunir, fit échouer ce nouveau projet. Ces dispositions étaient du reste assez difficilement acceptables, et déjà la France et l'Angleterre les avaient accueillies avec une certaine hésitation. Il y avait en effet une grande différence entre la rupture d'un câble et un fait de piraterie. Assimiler l'un à l'autre, infliger deux peines égales pour les délits d'une importance bien moindre, c'était dépasser les limites de la justice et de l'équité.

Pendant ce temps, en 1871, le gouvernement italien, dans un congrès télégraphique tenu à Rome, émit un vœu pour arriver à établir des mesures générales, mais la question resta sans solution et après la paix de Francfort, les négociations commencées ne furent pas reprises. Ce ne fut que plusieurs années après, en 1879, que l'attention des Etats fut attirée de nouveau sur ce sujet par l'Institut de droit international. Il serait très utile, dit le projet de l'Institut que les divers Etats s'entendissent pour déclarer que la destruction ou la détérioration des câbles sous-marins en pleine mer est un délit du droit des gens, et pour déterminer d'une manière précise le caractère délictueux des faits et les peines applicables (1). On était d'avis que sur ce dernier point on devait s'efforcer d'arriver à un règlement uniforme, compatible avec la diversité des législations criminelles. Et l'Institut proposait de donner aux bâtiments d'État de toutes les nations sans exception, dans les conditions réglées par les traités, le droit de saisir les navires coupables ou présumés tels. On devait réserver le droit de les juger aux tribunaux de leur pays (2).

Un vœu dans le même sens fut émis par la conférence réunie à la Haye en 1881 en vue de réglementer la police de la pêche dans la mer du Nord. Il demandait le maintien permanent des communications télégraphiques, et invitait les gouvernements à prendre des mesures efficaces pour prévenir la détérioration des câbles sous-marins par les pêcheurs (3). On avait constaté en effet dans la mer du Nord plusieurs ruptures de câbles faites par les ancres des bateaux de pêche ou par les chaluts. De là de fréquentes interruptions dans les communications, et des plaintes successives de la part des compagnies anglaises concessionnaires. Pour éviter le retour de ces faits,

(1, 2 et 3) L'Institut de droit international se fit l'interprète de certaines observations présentées par M. Renault, qui avait attiré l'attention sur l'absence de dispositions protégeant d'une manière efficace les câbles sous-marins contre les détériorations causées de propos délibéré ou par négligence.

Voir, *Revue de droit international*, t. XII, p. 251. — *Annuaire de droit international*, 1880, p. 351 et suiv. — *Revue de droit international*, t. XV, p. 17 et suiv.

on réclamait des modifications dans la législation et une entente internationale.

La France se fit l'écho de ces réclamations et à la suite d'un nouveau vœu émis en 1881 dans un congrès d'électriciens, elle convoqua à Paris, une conférence internationale. Les représentants des vingt-six Etats se réunirent le 16 octobre 1882. Sur la proposition du délégué de la Grande-Bretagne, il fut déclaré formellement, que la convention, pour la protection des câbles sous-marins, n'aurait d'application que pendant la paix (1). On s'écartait ainsi entièrement de l'esprit du projet américain de 1869. On s'occupa, la pleine mer ne pouvant faire partie du domaine d'aucun Etat, des dispositions communes que l'on pourrait adopter. Ces diverses questions, étudiées dans la réunion d'octobre 1882, furent de nouveau examinées dans la session de 1883, et aboutirent à la convention internationale de Paris du 14 mars 1884 (2).

Celle-ci ne s'applique qu'en dehors des eaux territoriales, parce que la pleine mer n'étant la propriété d'aucune nation, son usage en matière de télégraphie, a dû être déterminé par des mesures internationales. Il a été décidé, que désormais, la liberté de poser et d'entretenir des câbles sous-marins, est placée sous la garantie collective des puissances. Si une

(1) Voir Perels. *Loc. cit.*, p. 78.

(2) Cette loi a été promulguée en France par décret du 22 avril 1888. Voir *Journal officiel* du 25 avril 1888. Elle ne devait être appliquée qu'à partir du 1er mai suivant.

rupture ou une détérioration est faite à un câble, s'il y a eu volonté de nuire ou négligence intentionnelle, ce fait est punissable d'une peine et subsidiairement d'une action civile en dommages-intérêts. La destruction et les avaries causées aux câbles constituent une infraction du droit des gens. Les tribunaux du pays auquel appartient le navire, à bord duquel le délit a été commis, sont chargés de sa répression.

L'article 10 de la convention, relatif à la preuve de la faute, a soulevé de nombreuses objections de la part des délégués. La Grande-Bretagne proposait le droit de visite, mais son exercice est très difficile et dangereux à mettre en pratique en pleine paix ; il constitue l'atteinte la plus flagrante au principe de la liberté.

Le gouvernement belge ne voulut pas admettre de son côté, que les procès-verbaux dressés par les officiers des parties contractantes, eussent la même force que s'ils émanaient des officiers nationaux. On décida alors, de laisser à la législation intérieure de chaque État, le soin de déterminer le degré d'autorité à attribuer en justice aux procès-verbaux qui émaneraient des représentants des autres nations. On s'entendit cependant, et on reconnut aux commandants des vaisseaux de guerre étrangers le droit, s'ils ont des motifs de croire qu'un bâtiment de commerce a violé les dispositions protectrices de la convention, de se faire exhiber par le capitaine, les documents officiels établissant la nationalité du navire et d'en dresser procès-verbal.

C'est par imitation de la convention de la Haye sur

les pêcheries (art. 29) que la faculté de dresser des procès-verbaux a été admise. Il a été décidé que les bâtiments, qui verraient ou pourraient voir les bouées destinées à indiquer la position des câbles, dans le cas de pose ou de rupture, devraient se tenir éloignés à un quart de mille au moins. Les navires télégraphiques employés au transport des câbles et aux réparations doivent porter les signaux particuliers prévus par le règlement de 1884 sur l'abordage.

Toutes ces mesures ne valent que pendant l'état de paix ; en cas de guerre, la convention ne doit plus s'appliquer; les câbles ne sont pas protégés et les Etats belligérants peuvent les couper s'ils jugent que cette rupture leur est profitable.

Le projet de neutralisation, proposé par le gouvernement américain, en 1869, a donc été complètement écarté.

La convention a été ratifiée en France, par la loi du 20 décembre 1884 (1), mais on a pris, de plus, des dispositions spéciales pour assurer la protection des câbles dans les eaux territoriales.

Suivant l'article 3, de cette loi, lorsque l'infraction est commise en pleine mer, les procès-verbaux peuvent être dressés conformément à l'article 10, de la loi du 14 mars 1884, par les officiers commandant les bâtiments ou ceux spécialement commissionnés à cet effet par une des hautes parties contractantes.

Dans les eaux territoriales, les procès-verbaux sont dressés par les officiers commandant les navires de

(1) Voir *Journal officiel* du 21 décembre 1884.

guerre français ou par les fonctionnaires locaux. Les autorités françaises doivent connaître de tous les faits commis, peu importe la nationalité du navire auteur de l'infraction. Celui qui a causé la rupture ou la détérioration d'un câble doit faire la déclaration de sa faute. Dans les 24 heures de son arrivée, il est tenu de donner avis aux magistrats du lieu du premier port où son navire abordera, du dommage qu'il a causé au câble sous-marin. Nous croyons que les circonstances atténuantes avec application de l'article 463 du Code pénal peuvent être admises suivant les cas.

Depuis la signature de la Convention de 1884, la clause relative à la rupture des câbles sous-marins en temps de guerre n'avait pas reçu d'application. La guerre hispano-américaine a fourni l'occasion de la mettre en pratique.

Les américains, qui en 1869, avaient proposé de reconnaître une sorte de neutralité perpétuelle au profit des câbles, se sont empressés de les rompre dès le début des hostilités, privant ainsi les colonies espagnoles de toute communication avec la métropole.

Nous avons vu que l'on avait décidé la nullité de la Convention en cas de guerre, nous croyons que cette observation était inutile. Les puissances, en promettant de ne pas couper les câbles, ne pouvaient en effet, prendre qu'un engagement moral, qu'il était impossible de faire respecter par la force. On ne pourra du reste, jamais empêcher un Etat de couper le câble qui atterrit sur son territoire. En temps d'hostilité, tout moyen de nuire à l'ennemi est licite et une nation en guerre ne manquera jamais de rompre, si cela lui est possible, les communications de l'autre belligérant. Cependant, on peut se demander si l'état de guerre permet réellement la destruction des câbles sous-marins.

M. Renault, qui fut délégué de la France à la conférence internationale de la protection des câbles, et qui a été un des principaux instigateurs de cette réglementation, distingue quatre cas. Si le câble relie deux points du territoire d'un même Etat belligérant, l'autre Etat en guerre avec lui peut arrêter les communications télégraphiques et détruire le câble. Il en est de même et à plus forte raison, lorsque le câble relie le territoire des deux belligérants, car dans ce cas ils ont complètement leur liberté d'action.

Lorsque le territoire d'un belligérant et d'un neutre est relié par un câble, le premier peut arrêter les communications et si l'ennemi s'empare de ce pays, il peut également détruire le câble. Le même droit appartient aux croiseurs qui bloqueraient un port ennemi. Enfin, si le câble relie deux territoires neutres, les belligérants n'ont, dans aucun cas, le droit d'interrompre les communications télégraphiques et de couper les câbles (1). Dans tous ces cas, il n'y pas à distinguer si le câble est la propriété de l'Etat ou d'un particulier.

(1) Voir *Revue de droit international*, 1883 ; Renault, *De la protection des câbles sous-marins*. — Voir aussi Perels, *Droit maritime international*, page 217.

La Convention de Paris n'apporte aucune modification aux droits de chaque Etat souverain et indépendant. La situation des belligérants n'est nullement changée, puisqu'aucune clause ne les lie. Elle voulût réprimer surtout les actes des particuliers qui porteraient atteinte aux communications télégraphiques, et elle permet à un belligérant de rompre le câble qui aboutit à son territoire ou à celui de son adversaire. Elle punit donc le dommage volontaire ou involontaire et elle respecte le droit de la guerre. A propos de ce mot « volontaire » qui se trouve dans l'article 2-1° de la Convention de 1884, et qui pouvait donner lieu à diverses interprétations, on a déclaré dans un paragraphe *in fine*, que si toutes les précautions avaient été prises pour éviter les ruptures ou détériorations qui pouvaient se produire en réparant des câbles, l'auteur de cet acte n'assumait pas la responsabilité pénale de l'article 2-1°.

Il nous semble que l'on aurait dû adopter en principe, la neutralisation des câbles en temps de guerre. Cette manière de voir était celle du gouvernement espagnol à la session d'octobre 1887, mais son délégué n'osa pas développer ce désir, jugeant le moment inopportun; il se borna seulement à exprimer un vœu.

La Conférence de Paris de 1882 et celle de 1884 ont manqué leur but. Que les câbles puissent être coupés en temps de paix, cela est vrai, leur destruction peut même être volontaire et il était bon que les Etats s'entendissent pour punir ces infractions. Mais si les câbles font l'objet d'une question de droit international, c'est parce que l'on a surtout en vue l'état de guerre. Or ce point a été écarté. Peut-être dans ce temps de paix troublée où nous vivons, mais où chaque gouvernement fait tous ses efforts pour éviter des conflits, songera-t-on à proposer à nouveau et à adopter la neutralisation des câbles sous-marins. Ceux-ci sont des instruments de progrès, de civilisation ; ils sont indispensables aux relations quotidiennes entre les contrées éloignées, donc ils doivent être respectés et protégés.

Nous devons en terminant, dire quelques mots d'une situation particulière à la France dont les événements du Transwaal nous révèlent toute la gravité. L'Angleterre a presque complètement accaparé les communications télégraphiques sous-marines et l'existence de ce monopole présente de très grands inconvénients.

Le monde entier a, à l'heure actuelle, les regards tournés vers les Boërs, qui défendent avec tant de courage l'indépendance de leur pays.

Tous les détails que nous pouvons connaître sur cette guerre nous parviennent par des sources anglaises. Les Boërs sont en effet, comme isolés du reste du monde, dans l'impossibilité absolue d'envoyer des nouvelles au dehors et d'en recevoir. Nous ne savons donc que ce que la censure anglaise veut bien laisser arriver jusqu'à notre connaissance. Cet état de choses devrait faire songer nos gouvernants, à l'impérieuse nécessité qu'il y aurait de relier nos colonies à la métropole par des moyens de communication qui nous appartiendraient en propre.

Depuis de longues années, les Anglais font tous leurs efforts pour s'emparer des relations entre les diverses parties du globe, nous les avons laissés faire et nous voyons aujourd'hui les dangers de notre négligence. Les mers sont sillonnées par des câbles anglais; toutes les stations sont établies sur des territoires anglais et n'occupent que des employés anglais qui contrôlent les dépêches avant de les transmettre à l'Europe. C'est là une situation essentiellement périlleuse, surtout pour une grande puissance coloniale comme la France. Si donc nous venions à avoir la guerre, il nous serait absolument impossible de communiquer avec nos colonies. Sauf pour nos possessions d'Amérique et l'Algérie, nous n'avons de moyens de communications avec notre empire colonial que par les lignes anglaises. On comprend dès lors la triste situation qui nous serait faite. Les instructions données à nos gouverneurs, ou seraient interceptées par les agents britanniques ou seraient transmises avec des modifications. Nos colonies seraient isolées, et nos escadres qui opéreraient au loin ne pourraient recevoir des ordres. Et cette situation est d'autant plus périlleuse que l'Angleterre est l'ennemi le plus à redouter, car elle est le seul Etat qui pourrait avoir quelque intérêt à nous disputer nos colonies et le seul capable de l'entreprendre.

Il est presque invraisemblable que nous ayons été assez négligents et assez imprévoyants, pour laisser se constituer un tel état de choses. Il faut réagir avec célérité et d'urgence, car nous nous trouverions dans la situation la plus critique si demain les Anglais attaquaient nos colonies. Nous devons songer qu'actuellement nous sommes sous leur dépendance et il faut en sortir le plus vite possible.

Même laissant de côté l'éventualité d'une guerre, le développement commercial de nos colonies gagnerait beaucoup à avoir des relations directes avec la métropole. N'avons-nous pas l'exemple de l'Angleterre? En 1871, avec 37,000 kilomètres de câbles, elle faisait avec ses colonies un commerce de 2,835 millions de francs, et en 1894, avec 276,000 kilomètres de câbles, elle faisait un commerce de 6,121 millions de francs (1). Puisque l'Angleterre trouve dans ces rapides communications des avantages énormes, nous y trouverions aussi les nôtres.

Un réseau télégraphique est donc un instrument indispensable pour la mise en valeur de nos colonies.

Après avoir étudié notre situation et sur la demande du groupe colonial des Conseillers du commerce extérieur, le gouvernement a préparé un projet de loi qui a été soumis à une discussion récente de la Chambre. Il a pour but de relier directement toutes nos colonies à la métropole. Une première ligne de câbles serait posée, allant l'Oran au Sénégal par Tanger. On pourrait ainsi surveiller le Maroc, et défendre par le fait même l'Algérie. Si nous avions été en relations directes avec le Maroc, l'Angleterre n'aurait pu nous cacher pendant trente-six heures, la nouvelle de la mort de l'Empereur de ce pays.

(1) Journal *le Temps*, du mois de décembre 1899 : *La Question des câbles sous-marins*.

D'autres câbles devront être posés de Madagascar à la Réunion ; des établissements français du Golfe de Bénin au Congo français ; du Congo à Madagascar ; du Sénégal aux Etablissement français du Golfe de Bénin ; de Brest au Sénégal ; de la Réunion à l'Indo-Chine. Lorsque ces grands travaux seront finis, les communications avec nos colonies n'auront plus besoin d'avoir recours aux câbles étrangers. Le Conseil supérieur de l'Indo-Chine a déjà décidé sur la proposition de M. Doumer, d'établir une ligne télégraphique sous-marine entre Saïgon et Port-Arthur (1).

On a soulevé l'objection de savoir comment le canal de Suez étant aux mains de l'Angleterre, on ferait passer la ligne de câbles de la Méditerranée dans la mer Rouge sans qu'elle retombe sous le contrôle anglais. On fait remarquer que cette difficulté peut être tournée. La mer Rouge forme en effet, dans sa partie nord, deux cornes ; l'une s'enfonce en territoire Egyptien et c'est là que commence le canal ; l'autre pénètre dans le territoire Turc. On devra, après accord avec le Sultan, se servir de cette seconde branche pour faire passer le cable télégraphique français (2).

Pour l'entreprise de ces travaux, on pourrait chercher à s'entendre avec les autres Etats qui sont tous

(1) Voir journal le *Télégramme* de Toulouse, article de M. Etienne, député. *Les Câbles sous-marins*, le 19 décembre 1899.

(2) Voir sur la question des câbles, journal le *Temps*, 29 novembre 1899, décembre 1899 et 10 février 1900.

intéressés comme la France à s'affranchir de la suzeraineté anglaise.

Il est certain qu'il faut se hâter et qu'il est urgent de réparer sans délai nos fautes de négligence et d'imprévoyance et cela dans le plus haut intérêt commercial et défensif de notre empire colonial.

CONCLUSION

Nous avons ainsi terminé l'étude du principe de la liberté des mers qui forme une des bases de notre droit international moderne. Il ne nous reste plus qu'à jeter un coup d'œil rétrospectif et d'ensemble sur ce travail et à résumer en quelques lignes les conclusions qui en découlent.

Dans l'antiquité, la liberté des mers était admise en principe, mais en réalité, elle n'a jamais existé au sens exact que nous donnons à ce mot. La liberté repose sur l'indépendance mutuelle des Etats, sur l'égalité de droits des nations, or, à cette époque toutes et tous étaient sujets d'Athènes ou de Rome.

Au moyen âge, les quelques villes commerçantes de la Méditerranée ont lutté sans cesse pour s'arracher réciproquement l'usage de la mer.

Dans les temps modernes, ce principe s'est affirmé grâce à l'heureuse intervention de Grotius et à la résistance de la Hollande à l'Angleterre qui par là a servi puissamment la cause de la liberté. Celle-ci a donc triomphé et la pleine mer a été reconnue libre de l'avis de tous les peuples. Tous peuvent naviguer et pêcher dans la haute mer, sans aucune réserve, car l'usage en est commun; elle forme le patrimoine de l'humanité. Elle sert de communication indispensable entre les rivages éloignés, pour le transport des richesses et des productions nécessaires aux besoins de l'homme et répandues un peu partout sur la surface du globe. Elle est inépuisable dans ses usages, et tout ce qui n'a pas de fin est du domaine universel. Le commerce enfin a besoin de la mer pour se développer. C'est presque toujours en effet par le moyen des entreprises commerciales que se réalise le bénéfice que tire chaque peuple de la liberté.

Mais, la sécurité des Etats exige cependant que quelques restrictions soient apportées à ce principe.

Aussi avons-nous admis avec les publicistes et l'Institut de droit international l'existence de la mer territoriale, sur laquelle l'Etat riverain exerce certains droits de souveraineté. Il est libre en effet, de prendre toutes les mesures qu'il juge utiles pour garantir son indépendance et mettre ses côtes à l'abri de toute invasion. Il peut dans ses eaux territoriales, réserver à ses nationaux la pêche et le cabotage. Il a le droit de défendre l'accès de ses détroits et de ses mers intérieures, lorsque le libre passage accordé aux navires de guerre pourrait lui faire craindre quelque intention hostile à son égard. Il règle suivant ses désirs le cérémonial maritime dans ses eaux territoriales, et nous avons vu, que seul est exigé de nos jours le salut des bâtiments aux forteresses et places fortes des Etats.

Enfin, il peut établir des câbles sous-marins pour

communiquer avec ses colonies; on pourrait cependant désirer que ceux-ci, au moins en tant qu'ils n'appartiennent pas exclusivement aux belligérants, soient neutralisés en raison de leur grande importance internationale qui, on peut le prévoir, ira sans cesse en augmentant.

Il est permis d'espérer que dans l'avenir le principe de la liberté des mers ne sera plus contesté, en dépit des prétentions inadmissibles de certaines Puissances, spécialement des Etats d'origine anglo-saxonne et que l'on n'admettra plus que les restrictions indispensables, telles que celles résultant de la piraterie, de la contrebande et de la traite des Noirs. Si cet idéal se réalise, la France aura contribué plus peut-être que toute autre nation à cet heureux résultat, et l'avenir lui en rendra témoignage.

Vu : *Par le Président de la Thèse,*

A. MERIGNHAC.

Vu : *Le Doyen, de la Faculté de Droit,*

J. PAGET.

VU ET PERMIS D'IMPRIMER :

Toulouse, le 7 mai 1900.

Le Recteur,

Président du Conseil de l'Université,

PERROUD.

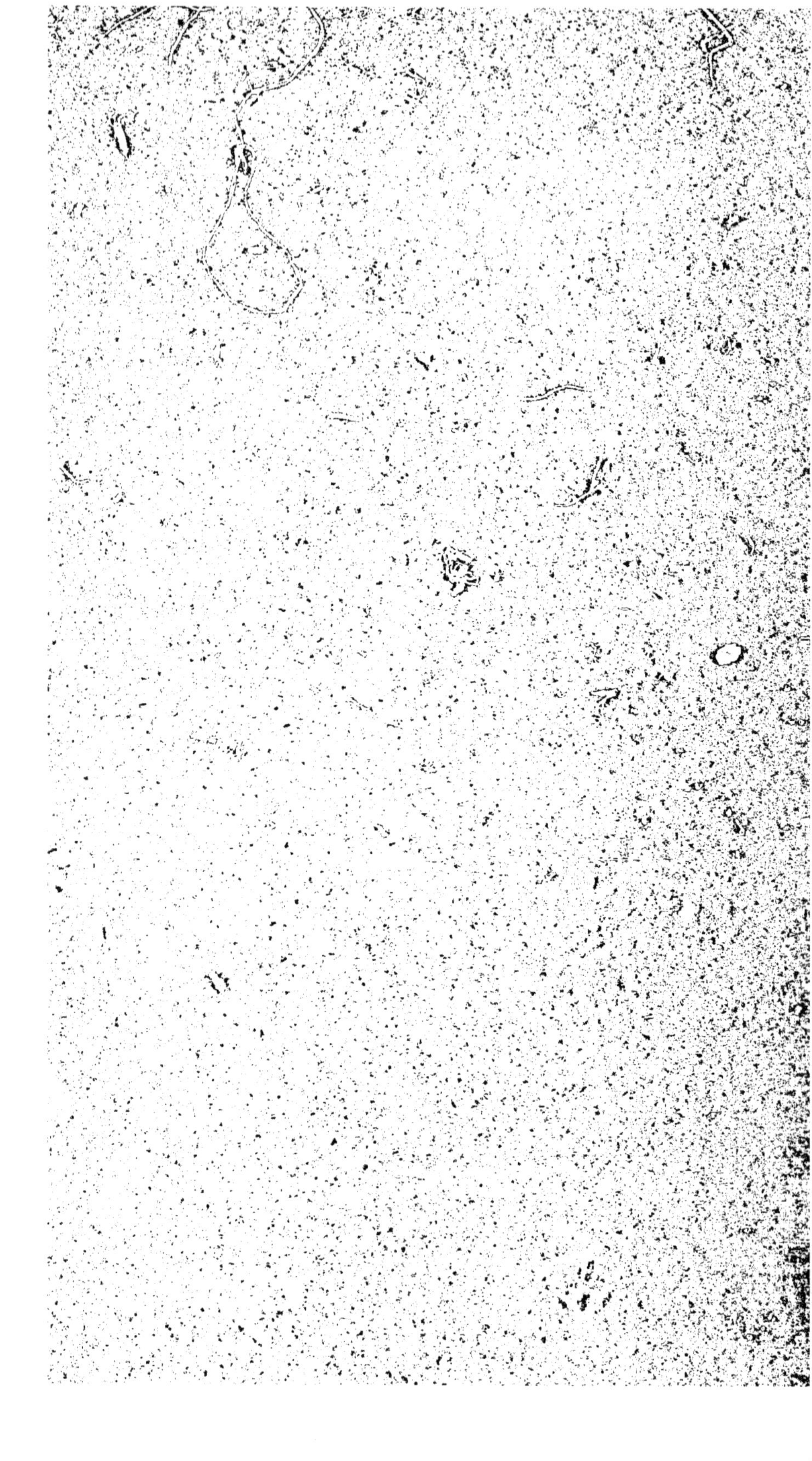

TABLE DES MATIÈRES

Toulouse. — Imp. Caussé, allées de Garonne, 27.

www.ingramcontent.com/pod-product-compliance
Ingram Content Group UK Ltd.
Pitfield, Milton Keynes, MK11 3LW, UK
UKHW020120200726
13856UKWH00002B/642